严格依据全新
考试大纲组织编写

2018

基金从业资格考试专用教材

SIMU GUQUAN TOUZI JIJIN JICHU ZHISHI

私募股权投资基金基础知识

基金从业资格考试研究中心 编

中国商业出版社

图书在版编目（CIP）数据

私募股权投资基金基础知识/基金从业资格考试研究中心编．—北京：中国商业出版社，2017.12
基金从业资格考试专用教材
ISBN 978-7-5208-0150-8

Ⅰ．①私… Ⅱ．①基… Ⅲ．①股权－投资基金－资格考试－教材Ⅳ．①F830.59

中国版本图书馆 CIP 数据核字（2017）第 326990 号

责任编辑　朱丽丽

中国商业出版社出版发行
010－63180647　www.c-cbook.com
（100053　北京广安门内报国寺 1 号）
新华书店经销
三河市华润印刷有限公司

★ ★ ★ ★

787 毫米×1092 毫米　16 开　11 印张　275 千字
2018 年 5 月第 1 版　　2018 年 5 月第 1 次印刷
定价：49 元

★ ★ ★ ★

（如有印装质量问题可更换）

前言

基金从业资格考试由中国证券投资基金业协会组织举办。该考试采取闭卷、计算机考试方式进行。考试题型均为单选题，每科题量为100道，每题分值为1分，总分100分，60分为合格线。

为了适应基金从业资格考试的新要求、新变化，更好地满足广大考生的需求，帮助广大考生准确理解和掌握最新考试大纲的有关内容，我们组织了一批长期从事基金从业资格考试教学研究并具有丰富理论和实践知识的专家和老师，依据中国证券投资基金业协会最新发布的《基金从业资格考试大纲》（2017年修订版）的要求，精心编写了《私募股权投资基金基础知识》教材。在编写过程中作者紧贴最新考试大纲，精益求精。在教材内容上，突出了以"内容为王，品质最优"的指导思想，结合了最新的基金从业资格考试发展趋势及工作要求，力求推陈出新；在教材结构上，力求层级分明，脉络清晰。与市面上的其他同类图书相比，本教材具有以下特色：

※ **双色印刷——提高阅读舒适度**

本教材的主要框架结构采用蓝色印刷，既使各标题层级分明，也使考生阅读更加舒适。

※ **本章概览——明确章节学习重点**

在每章的开篇部分列明了本章包含的主要知识，方便考生了解章节结构，明确学习重点。

※ **知识结构——熟悉章节知识主干结构**

将每章的主要知识点以框架图的形式罗列出来，层次清晰，便于考生在学习本章之前对本章的主要内容做到心中有数，便于识记。

※ **标注重点——一套带有现成笔记的通关教材**

在编写过程中，编者分析整理了近年来的考试真题，将教材中的常考点、重点用"＿＿＿"一一画出，帮助考生分清主次轻重，快速掌握考试重点，准确把握复习方向，有针对性地学习。另外，对于一些需要特别注意的内容，以"注意"版块呈现；对于与考点相关联的、可能会在考试中考查的内容，以"拓展链接"版块呈现。

※ **扫码听课——直击重难点，实力助考**

针对部分考试重难点，教材中配以环球网校名师录制的微课。学生通过扫码听课，可以在老师的带领下透彻研究考试重难点，使备考达到事半功倍的效果。

※ 图表归纳——条理化烦琐知识点，高效备考

对于庞杂的知识点，利用图表进行归纳汇总，使得烦琐的知识点变得系统条理化，简单易学。

※ 学练结合——巩固考点，强化记忆

在高频考点之后配以"考点回顾"，实现理论与实战相结合，使考生对各知识点的考查频率、命题形式及常考的关键词句一目了然，帮助考生快速掌握考试重点，抓住命题规律和趋势，准确把握复习方向。

虽然编者一再精益求精，但由于水平和时间有限，书中难免存在疏漏与不足之处，敬请广大考生和读者斧正。最后，衷心地祝愿广大考生能够考出好的成绩，顺利过关！

基金从业资格考试研究中心

目录 CONTENTS

第一章　股权投资基金概述

本章概览 …………………………………………………………………………… 1

知识结构 …………………………………………………………………………… 2

第一节　股权投资基金的概念和特点 …………………………………………… 3

第二节　股权投资基金的发展历史 ……………………………………………… 4

第三节　股权投资基金的基本运作模式 ………………………………………… 8

第四节　股权投资基金在经济发展中的作用 …………………………………… 10

第二章　股权投资基金参与主体

本章概览 …………………………………………………………………………… 13

知识结构 …………………………………………………………………………… 14

第一节　股权投资基金的当事人 ………………………………………………… 15

第二节　股权投资基金的市场服务机构 ………………………………………… 17

第三节　股权投资基金的监管机构和自律组织 ………………………………… 19

第三章　股权投资基金的分类

本章概览 …………………………………………………………………………… 23

知识结构 …………………………………………………………………………… 24

第一节　创业投资基金与并购基金 ……………………………………………… 25

第二节　公司型基金、合伙型基金与信托(契约)型基金 ……………………… 27

第三节　人民币基金与外币基金 ………………………………………………… 29

第四节　股权投资母基金 ………………………………………………………… 30

第四章　股权投资基金的募集与设立

本章概览 …………………………………………………………………………… 33

知识结构 …………………………………………………………………………… 34

第一节　募集与设立概述 ………………………………………………………… 35

第二节　募集对象	35
第三节　募集方式及流程	37
第四节　组织形式选择	40
第五节　股权投资基金的设立	45

第五章　股权投资基金的投资

本章概览	49
知识结构	50
第一节　股权投资的一般流程	51
第二节　投资调查与分析	52
第三节　投资项目估值	58
第四节　投资协议主要条款	68

第六章　股权投资基金的投资后管理

本章概览	73
知识结构	74
第一节　投资后管理概述	75
第二节　投资后项目跟踪与监控	76
第三节　增值服务	78

第七章　股权投资基金的项目退出

本章概览	81
知识结构	82
第一节　项目退出概述	83
第二节　上市转让退出	84
第三节　挂牌转让退出	88
第四节　协议转让退出	90
第五节　清算退出	92

第八章　股权投资基金的内部管理

本章概览	95
知识结构	96
第一节　投资者关系管理	97
第二节　基金权益登记	98

第三节	基金的估值与核算	102
第四节	收益分配与基金清算	104
第五节	基金信息披露	107
第六节	基金托管	109
第七节	基金服务业务	110
第八节	基金业绩评价	112
第九节	基金管理人内部控制	115

第九章 股权投资基金的政府管理

本章概览		121
知识结构		122
第一节	政府监管概述	123
第二节	政府管理的主要内容	125
第三节	政府管理的形式与手段	138
第四节	对创业投资基金的政策支持	139

第十章 行业自律管理

本章概览		147
知识结构		148
第一节	行业自律概述	149
第二节	登记与备案	151
第三节	其他自律管理	158

股权投资基金概述

本章共包含四个小节。

第一节主要讲述了股权投资基金的概念、募集方式和特点（4个）。

第二节主要讲述了国外股权投资基金的发展历史以及我国股权投资基金的三个发展阶段和发展现状。

第三节主要讲述了股权投资基金运作的四个阶段以及运作的的关键要素。

第四节主要讲述了我国股权投资基金业的社会经济效益及发展趋势。

知识结构

- **股权投资基金概述**
  - **股权投资基金的概念和特点**
    - 概念
    - 募集方式
      - 公开募集（公募）/非公开募集（私募）
    - 特点
      - ①投资期限长、流动性较差；②投资后管理投入资源较多；③专业性较强；④收益波动性较高
  - **股权投资基金的发展历史**
    - 国外股权投资基金的发展历史
      - 起源于美国
    - 我国股权投资基金的发展历史
      - 经历了3个历史阶段
    - 我国股权投资基金的发展现状
      - 成为全球第二大股权投资市场
  - **股权投资基金的基本运作模式**
    - 基本运作流程
      - 募集、投资、管理、退出
    - 运作的关键要素
  - **股权投资基金在经济发展中的作用**
    - 社会经济效益
      - 创业投资基金的社会经济效益
      - 并购基金对产业转型和升级的贡献
    - 我国股权投资行业的发展趋势

第一节　股权投资基金的概念和特点

一、股权投资基金的概念

股权投资基金（全称为"私人股权投资基金"），是指主要投资于"私人股权"的投资基金。

私人股权包括未上市企业和上市企业非公开发行和交易的普通股、依法可转换为普通股的优先股和可转换债券。

股权投资基金的募集方式见图1-1。

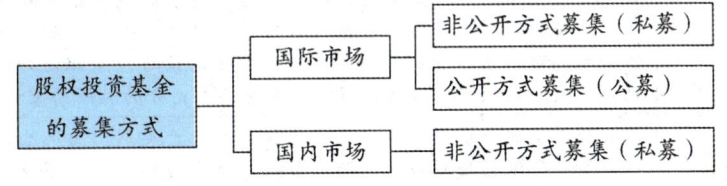

图1-1　股权投资基金的募集方式

从基金募集方式和基金投资标的两个维度对比，股权投资基金与证券投资基金的区别见表1-1。

表1-1　股权投资基金与证券投资基金的区别

基金种类		基金募集方式	基金投资标的
证券投资基金	私募证券投资基金	非公开募集	公开交易的证券（股票或债券等）
	公募证券投资基金	公开募集	
股权投资基金	私募股权投资基金	非公开募集	非公开交易的股权
	公募股权投资基金	公开募集	

> **注意**
> 在我国，目前股权投资基金只能以非公开方式募集。在我国当前的法律和监管规则下，一般所称"私募股权投资基金"的准确含义应为"私募类私人股权投资基金"。

考点回顾｜单项选择题

国内所称"股权投资基金"，其全称应为（　　）。
A. 私人股权投资基金
B. 私募投资基金
C. 私人投资基金
D. 私募股权投资基金

【答案】A

【解析】国内所称"股权投资基金"，其全称应为"私人股权投资基金"，是指主要投资于"私人股权"的投资基金。

二、股权投资基金的特点

作为一种重要的资产配置，股权投资基金的特点见表1-2。

表1-2 股权投资基金的特点

特点	具体阐述
投资期限长、流动性较差	股权投资基金主要投资于未上市企业股权或上市企业的非公开交易股权，投资的全部流程通常需要3～7年，被称为"有耐心的资本"；基金份额流动性较差，基金清算前，基金份额的转让或投资者的退出具有一定难度
投资后管理投入资源较多	股权投资基金管理人在投资后管理阶段投入大量资源：①为被投资企业提供各种商业资源和管理支持，帮助被投资企业更好地发展；②通过参加被投资企业股东会、董事会，对被投资企业进行有效监控，以应对被投资企业的信息不对称和企业管理层的道德风险
专业性较强	股权投资基金对专业性的要求较高，需要更多的投资经验积累、团队培育和建设，体现出较明显的智力密集型特征，因此通常委托专业机构进行管理且在利益分配环节对基金管理人的价值给予更多的认可。除此之外，在基金管理机构内部，要针对投资管理团队成员建立有效和充分的激励约束机制
收益波动性较高	股权投资基金属于高风险、高期望收益的资产类别。高风险体现为投资项目的收益呈现较大的不确定性。高期望收益体现为在正常的市场环境中，其能为投资者实现的投资回报率总体上处于一个较高的水平

考点回顾 单项选择题

与证券投资基金相比，股权投资基金的流动性（　　）。

A. 较强　　　　B. 较差　　　　C. 适中　　　　D. 不确定

【答案】B

【解析】相对于证券投资基金，股权投资基金具有投资期限长、流动性较差，投资后管理投入资源较多，专业性较强，投资收益波动性较高等特点。

第二节　股权投资基金的发展历史

一、国外股权投资基金的发展历史

股权投资起源于创业投资。股权投资基金起源于美国。其发展历史见表1-3。

表1-3 股权投资基金的发展历史

发展阶段	具体内容
1946年	美国研究与发展公司（ARD）成立，被公认为全球第一家以公司形式运作的创业投资基金。早期的股权投资基金主要以创业投资基金形式存在
1958年	美国小企业管理局设立"小企业投资公司计划"（SBIC），鼓励成立小企业投资公司，通过小企业投资公司增加对小企业的股权投资。美国的创业投资基金开始迅速发展
1973年	美国创业投资协会（NVCA）成立，标志着创业投资在美国发展成为专门行业
20世纪50—70年代	创业投资基金主要投资于中小成长型企业。此时期创业投资基金为经典的狭义创业投资基金
20世纪70年代以后	创业投资基金开始将其领域拓展到对大型成熟企业的并购投资，"创业投资基金"的概念从狭义发展到广义

续表

发展阶段	具体内容
1976年	KKR成立以后，开始出现了专业化运作的并购投资基金，即经典的狭义的私人股权投资基金
20世纪80年代	美国第四次并购浪潮中催生了黑石（1985年）、凯雷（1987年）和德太投资（1992年）等著名并购基金管理机构，极大地促进了并购投资基金的发展
2007年	KKR、黑石、凯雷、德太投资等并购基金管理机构脱离美国创业投资协会，发起设立了主要服务于并购基金管理机构（即狭义股权投资基金管理机构）的美国私人股权投资协会（PEC）

拓展链接

狭义的股权投资基金特指并购投资基金，但是后来的并购投资基金管理机构往往也兼做创业投资，再加上市场上还出现了主要从事定向增发股票投资的股权投资基金、不动产投资基金等新的股权投资基金品种，股权投资基金的概念从狭义发展到广义，因此一般语境下的股权投资基金是指广义股权投资基金。

★ 考点回顾｜单项选择题

（　　）开始，美国的创业投资基金开始迅速发展。

A. 1959年　　　　B. 1958年　　　　C. 1957年　　　　D. 1962年

【答案】B

【解析】1958年，美国小企业管理局设立"小企业投资公司计划"（SBIC），鼓励成立小企业投资公司，通过小企业投资公司增加对小企业的股权投资。从此，美国的创业投资基金开始迅速发展。

二、我国股权投资基金的发展历史

我国股权投资基金行业发展经历了三个历史阶段。

（一）探索与起步阶段（1985—2004年）

这一阶段主要沿着两条主线进行。

1. 科技系统对创业投资基金的最早探索

科技系统对创业投资基金的最早探索见表1-4。

表1-4　科技系统对创业投资基金的最早探索

发展阶段	具体内容
1985年3月	《中共中央关于科学技术体制改革的决定》首次明确指出"对于变化迅速、风险较大的高技术开发工作，可以设立创业投资给予支持"
1985年9月	"中国新技术创业投资公司"成立
1992年	《国家中长期科学技术发展纲领》明确要求开辟风险投资等多种资金渠道，支持科技发展。随后，多省（市）由地方政府出资设立了以科技风险投资公司为名的创业投资机构
1995年	《关于加速科学技术进步的决定》首次提出在全国实施科教兴国战略
1998年1月	"国家创业投资机制研究小组"成立，研究推动创业投资发展的政策措施
1999年末	《关于建立风险投资机制的若干意见》是我国第一个有关创业投资发展的战略性、纲领性文件，为建立创业投资机制明确原则

2. 国家财经部门对产业投资基金的探索

国家财经部门对产业投资基金的探索见表1-5。

表1-5 国家财经部门对产业投资基金的探索

发展阶段	具体内容
1993年8月	淄博乡镇企业投资基金成立并在上海证券交易所上市。这是我国第一只公司型创业投资基金
1996年6月	提出"借鉴创业投资基金运作机制发展有中国特色产业投资基金"的设想,原国家计委开始系统研究发展"产业投资基金"的有关问题,并推动有关制度建设
1998年	原国家计委向国务院提出了开设创业板的建议,以推进创业投资制度建设 民建中央提交后来被称作"政协一号提案"的《关于加快发展我国风险投资事业的提案》,对于促进社会各界对创业投资的关注和重视,起到了积极作用

注意

（1）创业投资基金与证券投资基金的显著区别是：证券投资基金投资证券,创业投资基金直接投资产业。

（2）在多方推动下,中国股权投资市场开始进入起步发展阶段。截至2005年末,在中国境内活跃的股权投资机构增至500家,渐渐呈现一批本土机构。

（二）快速发展阶段（2005—2012年）

股权投资基金行业的快速发展阶段的具体内容见表1-6。

表1-6 快速发展阶段

发展阶段	具体内容
2005年11月	《创业投资企业管理暂行办法》颁布
2007年、2008年和2009年	先后出台了针对公司型创业投资基金的所得税优惠政策、促进创业投资引导基金规范设立与运作的指导意见,并推出创业板 《创业投资企业管理暂行办法》及三大配套性政策措施的出台,极大地促进了创业投资基金的发展
2007年	受美国主要大型并购基金管理机构脱离美国创业投资协会并发起设立美国股权投资协会等事件影响,"股权投资基金"的概念在我国很快流行开来
2007年6月	新修订的《中华人民共和国合伙企业法》（以下简称《合伙企业法》）开始实施,各级地方政府为鼓励设立合伙型股权投资基金出台了种类繁多的股权投资基金税收优惠政策,各类"股权投资基金"迅速发展起来
2010年3月1日	《外国企业或者个人在中国境内设立合伙企业管理办法》正式实施,为外资设立合伙型股权投资基金提供了法律依据
2010年底	我国市场中的投资机构迅速增至2 500多家
2011年	《关于进一步规范试点地区股权投资企业发展和备案管理工作的通知》和《关于促进股权投资企业规范发展的通知》发布,变自愿备案为强制备案,强化股权投资监管

（三）统一监管下的制度化发展阶段（2013年至今）

股权投资基金行业的统一监管下的规范化发展阶段的具体内容见表1-7。

表1-7 统一监管下的规范化发展阶段

发展阶段	具体内容
2013年6月	《关于私募股权基金管理职责分工的通知》明确由中国证券监督管理委员会（以下简称中国证监会）统一行使股权投资基金监管职责

续表

发展阶段	具体内容
2014年8月	《私募投资基金监督管理暂行办法》发布，对包括创业投资基金、并购投资基金等在内的私募类股权投资基金以及私募类证券投资基金和其他私募投资基金实行统一监管
2014年年初	中国证券投资基金业协会开始对包括股权投资基金管理人在内的私募基金管理人进行登记，对其所管理的基金进行备案，并陆续发布相关自律规则，对包括股权投资基金管理人在内的各类私募基金管理人实施行业自律

★ 考点回顾 单项选择题

我国股权投资基金的发展经过的历史阶段包括（　　）。

Ⅰ．探索与起步阶段

Ⅱ．快速发展阶段

Ⅲ．多元化发展阶段

Ⅳ．统一监管下的制度化发展阶段

A．Ⅰ、Ⅱ、Ⅲ B．Ⅰ、Ⅱ、Ⅳ

C．Ⅰ、Ⅲ、Ⅳ D．Ⅰ、Ⅱ、Ⅲ、Ⅳ

【答案】B

【解析】我国股权投资基金发展的历史阶段包括：①探索与起步阶段（1985—2004年）；②快速发展阶段（2005—2012年）；③统一监管下的规范化发展阶段（2013年至今）。

三、我国股权投资基金的发展现状

我国股权投资基金的发展现状见图1-2。

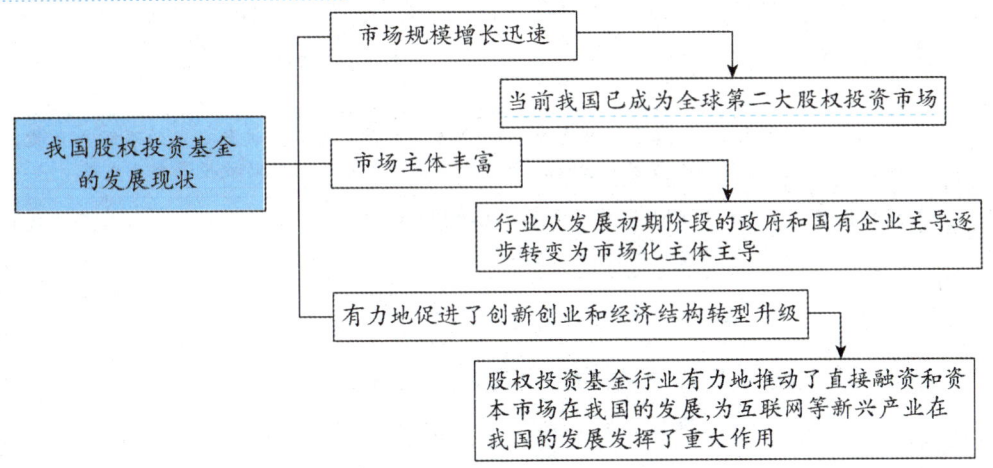

图1-2　我国股权投资基金的发展现状

拓展链接

中国证券投资基金业协会的统计结果显示，截至2018年1月底，已登记私募基金管理人22 883家，已备案私募基金69 086只，管理基金规模11.76万亿元。私募基金管理人员工总人数24.09万人，其中，已在从业人员系统注册员工人数20.07万人。

第三节 股权投资基金的基本运作模式

一、股权投资基金的基本运作流程

扫码听课

股权投资基金的运作流程是其实现资本增值的全过程。

从资本流动的角度出发,资本先是从投资者流向股权投资基金,经过基金管理人的投资运作再流入被投资企业。在投资之后的阶段,基金管理人通常会以各种方式参与被投资企业的管理,待企业经过一定时期的发展之后,选择合适的时机再从被投资企业退出,进行下一轮资本流动循环。

与资本流动相对应的股权投资基金运作的四个阶段分别为:募集、投资、管理和退出。其具体内容见表1-8。

表1-8 股权投资基金的运作阶段

阶段	具体内容
募集阶段	基金管理人向投资者募集资金并发起设立基金
	募集主体——基金管理人通常是具备专业投资管理水平和风险管理能力的主体。基金管理人可以选择自行向投资者募集基金,也可以选择委托有资质的第三方募集机构代为募集基金
	募集方式——有公开和非公开募集。我国目前仅允许非公开募集股权投资基金
	募集对象——通常只能向合格投资者募集
	基金组织形式——一般可选择采用公司、有限合伙或信托(契约)这三种组织形式设立股权投资基金
投资阶段	基金管理机构将资金投向被投资企业
	主要环节包括:项目开发与初审、立项、签署投资备忘录、尽职调查、投资决策、签订投资协议、投资交割等
投资后管理阶段	该阶段基金管理机构的工作主要包括:①对被投资企业的运作进行一定的跟踪与监控,实施投资风险管理;②以各种方式向被投资企业提供增值服务,帮助被投资企业发展
退出阶段	股权投资基金将其在被投资企业中的股权以上市、挂牌转让、协议转让、清算等形式变现退出,根据约定将退出所得分配给基金的投资者和管理人

二、股权投资基金运作的关键要素

(一)股权投资基金规模及出资方式

基金规模是基金计划及实际募集的投资资本额度。股权投资基金通常要求全部以货币出资,一般不接受非货币资金出资。根据基金合同的约定,投资者可以一次或者分数次完成出资义务。在股权投资基金实务运作中,更多地实行承诺出资制,即投资者承诺向基金出资的总规模,并按合同约定的期限或条件分数次完成其出资行为。

(二)股权投资基金的管理方式

股权投资基金的管理方式主要包括自我管理和受托管理。

(1)自我管理。

自我管理是指基金自建投资管理团队并负责基金的投资决策。如公司型股权投资基金使用的管理方式即为自我管理。

(2) 受托管理。

受托管理是指基金委托第三方管理机构进行投资管理。随着第三方管理机构管理品牌的形成，受托管理正逐渐成为主流的基金管理方式。

拓展链接

在有限合伙框架下，若直接通过合伙协议约定由某个或若干自然人以执行事务合伙人名义管理合伙事务，而非委托专业管理机构管理，也属于自我管理方式。

(三) 股权投资基金的投资范围、投资策略和投资限制

基金的投资范围、投资策略和投资限制通常由基金管理人和投资者共同商定，并在基金合同中列明。其具体内容见表1-9。

表1-9 股权投资基金的投资范围、投资策略和投资限制

项目	具体内容
投资范围	是指基金投资对象选择所指向的集合
	通常根据目标投资对象的行业、地域、发展阶段等属性来确定
投资策略	是指基金在选择具体投资对象时使用的一系列规则、行为和程序的总和
	基金投资策略的确定，通常依据投资目标以及投资者对风险和期望收益的偏好来确定
投资限制	是指基金管理人不得从事或需依一定程序得到投资者许可后才能从事投资决策的行为
	通常为保护投资者利益服务

(四) 股权投资基金的收益分配方式

股权投资基金的市场参与主体主要包括投资者、管理人和第三方服务机构。就收益分配而言，则主要在投资者与管理人之间进行。

股权投资基金的收入主要来源于所投资企业分配的红利以及实现项目退出后的股权转让所得。基金的收入扣除基金承担的各项费用和税收之后，首先用于返还基金投资者的投资本金。全部投资者获得本金返还之后，剩余部分即为基金利润。

股权投资基金的管理人通常参与基金投资收益的分配。通常情况下，管理人因为其管理可以获得相当于基金利润一定比例的业绩报酬。

注意

根据股权投资基金与基金管理人的约定，有时候管理人需要先让基金投资者实现某一门槛收益率之后才可以获得业绩报酬。

★ 考点回顾 单项选择题

1. 股权投资基金的参与主体主要包括（　　）。

Ⅰ. 基金投资者　　　　　　　　Ⅱ. 基金管理人
Ⅲ. 基金服务机构　　　　　　　Ⅳ. 监管机构和行业自律组织

A. Ⅰ、Ⅱ　　　　　　　　　　B. Ⅰ、Ⅱ、Ⅲ
C. Ⅰ、Ⅱ、Ⅳ　　　　　　　　D. Ⅰ、Ⅱ、Ⅲ、Ⅳ

【答案】D

【解析】股权投资基金的参与主体主要包括基金投资者、基金管理人和第三方服务机构。基金服务机构、监管机构和行业自律组织都属于第三方服务机构。

2. 协助基金管理人起草或审阅与基金投资有关的法律文件，是股权投资基金（ ）阶段律师提供的服务。

A. 募集与设立　　　　　　　　　　B. 投资及投资后管理
C. 项目退出　　　　　　　　　　　D. 清算

【答案】B

【解析】基金运作的投资及投资后管理阶段的主要服务内容包括：①在基金的投资领域、投资方向的限制方面，向基金管理人提供咨询服务；②在初步确定拟投资企业后，律师按照基金管理人的委托，勤勉审慎地对拟投资企业进行法律尽职调查，提交法律尽职调查报告或法律意见书，协助基金管理人分析投资涉及的法律问题和风险；③协助基金管理人起草或审阅与基金投资有关的法律文件；④在投资后管理阶段，按照基金管理人的委托，根据投资法律文件的约定，保护基金在拟投资企业中的合法权益。

3. 股权投资基金运作的阶段有（ ）。

Ⅰ. 募集　　　　Ⅱ. 管理　　　　Ⅲ. 退出　　　　Ⅳ. 投资

A. Ⅰ、Ⅱ、Ⅳ　　　　　　　　　　B. Ⅰ、Ⅱ、Ⅲ
C. Ⅱ、Ⅲ、Ⅳ　　　　　　　　　　D. Ⅰ、Ⅱ、Ⅲ、Ⅳ

【答案】D

【解析】股权投资基金运作的四个阶段是募集、投资、管理和退出。

第四节　股权投资基金在经济发展中的作用

一、股权投资行业的社会经济效益

股权投资行业的社会经济效益见表1-10。

表1-10　股权投资行业的社会经济效益

项目			具体内容
创业投资基金的社会经济效益	对中小微企业融资问题的贡献	中小微创业企业较难从传统的融资渠道（包括商业银行和资本市场）获得足够的融资支持	中小微企业的发展和融资需求特征：①信息不对称比较严重；②创业成功的不确定性较高；③科技型中小微创业企业的资产结构中无形资产比重较高；④中小微创业企业的融资需求呈现阶段性特征
			银行方面：①银行现行的尽职调查手段在解决中小微企业信息不对称问题方面的效率不高，导致银行普遍实施信贷配给，最终结果是银行不愿意为中小微企业提供足够的资金；②银行贷款只能收取固定利息，银行承担的风险和期望收益之间不均衡，从而限制了银行提供贷款支持的意愿；③银行贷款方面，无形资产价值波动大、变现能力弱，是低质量的抵押品，制约了中小微企业获得银行贷款的能力；④银行追求规模经济，银行更偏好发放较大规模的贷款，从而在一定程度上限制了资金需求量较小的早期企业获得银行贷款支持
			资本市场方面：①资本市场特别强调信息披露的及时、准确和充分，中小微企业要想满足资本市场对信息披露的要求，需要花费的成本较高，将会提高其从资本市场获得融资的总体成本；②资本市场的门槛处于一个相对较高的位置，融资规模相对较小的早期企业通常达不到资本市场的进入门槛

第一章 股权投资基金概述

续表

项目		具体内容
创业投资基金的社会经济效益	对中小微企业融资问题的贡献	创业投资基金能够高效地应对中小微企业的融资需求特征：①从项目来源初步筛选等多个环节，用多种机制尝试达到获取真实信息，限制企业家不当利用其信息优势的目的；②采取股权投资的方式，通过创新的动态估值方法，可以实现风险和期望收益的均衡匹配；③通过丰富有效的投资后监督和增值服务，帮助被投资中小微企业提高其创业成功的可能性；④股权投资无须被投资企业提供担保，创业投资基金通常也按企业发展阶段进行分阶段投资，很好地契合了中小微创业企业的发展特点
	对科技创新的贡献	创新有多种形式，包括组织创新、管理创新、市场创新、科技创新等。科技创新企业成为创业投资基金尤为偏好的投资对象
		科技行业通常呈现区域集聚的特征，创业投资基金较多地表现出投资的行业偏好，使创业投资基金支持了单个和某些科技行业的发展
并购基金对产业转型和升级的贡献		并购基金侧重于通过投资价值被低估的企业，获取被投资企业的控制权，进而对企业进行重整，提升被投资企业的价值，从而实现投资收益
		并购基金寻找价值被低估的企业的依据：①经济周期；②运营；③拆分与合并
		并购完成后，并购基金的投资后管理主要是通过重整实现产业转型升级和价值提升
		并购基金对投资对象整合的途径：①管理的提升；②产业和技术的整合
		并购基金的上述运营模式被很多实体经济中的大企业使用，帮助其产业转型和升级

拓展链接

(1) 从创业企业的生命周期来看，企业创业过程可以分为种子期、起步期、扩张期和相对成熟期。从企业规模来看，创业企业可以分为微型企业、小型企业、中型企业和大型企业。

(2) 创业投资基金的发展历史表明，微软、英特尔、谷歌、特斯拉、百度、阿里、腾讯等许多著名的科技企业，都是创业投资基金支持起来的。

★ **考点回顾** 单项选择题

创业投资可以更有效地应对创业企业特别是中小科技企业（　　）等特征。

A. 信息不对称、不确定性高

B. 资产结构以无形资产为主

C. 融资需求呈现阶段性

D. 以上都对

【答案】D

【解析】创业投资可以更有效地应对创业企业特别是中小科技企业信息不对称、不确定性高、资产结构以无形资产为主、融资需求呈现阶段性等特征。

二、我国股权投资行业的发展趋势

股权投资基金是投资基金领域的重要组成部分，对于解决中小企业融资难、促进创新创业、支持企业重组重建、推动产业转型升级具有重要作用。

从发展趋势来看，未来我国经济的增长将由过去的要素驱动转向创新驱动，与此相适应，金融市场也将逐步由间接融资为主转向直接融资为主。

股权投资基金的运作模式和发展方式与创新驱动的内在要求高度一致，面临着广阔的发展机遇。随着我国股权投资基金行业专业化、市场化程度不断提高，政府监管和行业自律不断规范，我国的股权投资基金行业必将进入新的跨越式发展阶段。

> **考点回顾** 单项选择题
>
> 从发展趋势来看，金融市场将逐步由（　　）为主转向（　　）为主。
> A. 间接投资；直接投资
> B. 直接投资；间接投资
> C. 间接融资；直接融资
> D. 直接融资；间接融资
>
> 【答案】C

股权投资基金参与主体

本章共包含三个小节。
第一节主要讲述了股权投资基金的三类当事人。
第二节主要讲述了股权投资基金的五类市场服务机构。
第三节主要讲述了股权投资基金的监管机构和自律组织的相关内容。

知识结构

- 股权投资基金参与主体
  - 股权投资基金的当事人
    - 基金投资者
      - 又称基金份额持有人、基金出资者、基金财产所有者
    - 基金管理人
      - 基金产品的募集者和管理者
    - 基金托管人
      - 保管基金资产、监督基金管理人
  - 股权投资基金的市场服务机构
    - 基金财产保管机构
    - 基金销售机构
    - 基金份额登记机构
    - 律师事务所
    - 会计师事务所
  - 股权投资基金的监管机构和自律组织
    - 监管机构
      - 广义的股权投资基金监管
      - 狭义的股权投资基金监管（政府监管机构）
    - 自律组织
      - 中国证券投资基金业协会

第一节 股权投资基金的当事人

股权投资基金是资产管理产品。其当事人即基金合同的当事人，主要包括：基金投资者、基金管理人、基金托管人。基金投资者和基金管理人是基金必然的当事人。基金管理人和基金托管人一起，是投资者的共同受托人。

一、股权投资基金投资者

股权投资基金投资者的具体内容见表2-1。

表2-1 股权投资基金投资者

项目	具体内容
概述	股权投资基金投资者也称为基金份额持有人，是股权投资基金的出资人、基金财产的所有者，按其所持有的份额享受收益和承担风险
权利	①分享基金财产收益；②参与分配清算后的剩余基金财产；③依法转让或者申请赎回其持有的基金份额；④按照规定要求召开基金投资者会议；⑤对基金投资者会议审议事项行使表决权；⑥查阅或者复制公开披露的基金信息资料；⑦对基金管理人和基金市场服务机构损害其合法权益的行为依法提出诉讼；⑧基金合同约定的其他权利
募集方式	我国目前只能以非公开方式募集（私募）
范围	主要包括：个人投资者、工商企业、金融机构、社会保障基金、企业年金、社会公益基金、政府引导基金、母基金、主权财富基金等

★考点回顾｜单项选择题

股权投资基金中，基金的出资人、基金资产的所有者和基金投资回报的受益人是（　　）。

A. 基金投资者　　　B. 基金管理人　　　C. 基金服务机构　　　D. 行业自律组织

【答案】A

【解析】股权投资基金投资者是基金的出资人、基金财产的所有者，按其所持有的基金份额享受收益和承担风险。

二、股权投资基金管理人

股权投资基金管理人的具体内容见表2-2。

表2-2 股权投资基金管理人

项目	具体内容
概述	股权投资基金管理人是基金产品的募集者和管理者，按照合同的约定，负责基金资产的投资运作，在有效控制风险的基础上为基金投资者争取最大的投资收益
作用	具有核心作用，基金产品的设计、基金份额的销售与备案、基金资产的管理等重要职能多半由基金管理人或基金管理人选定的市场服务机构承担
权利义务	勤勉、忠实、审慎尽职地管理基金财产，有权根据约定收取相应的报酬
职责	①拟定和实施投资方案，对被投资企业进行投资后管理；②积极参与制定被投资企业的发展战略，提供增值服务；③定期或者不定期地向基金投资者披露基金经营运作等方面的信息；④定期编制并向基金投资者呈报基金的财务报告
准入限制	准入限制较宽松，无须中国证监会行政审批，实行登记制度，只需向中国证券投资基金业协会登记即可

⭐ 考点回顾 | 单项选择题

股权投资基金管理人在基金运作中具有核心作用，（　　）等重要职能多半由基金管理人或基金管理人选定的其他服务机构承担。

Ⅰ．基金产品的设计　　　　　　　　Ⅱ．基金份额的销售与备案
Ⅲ．基金资产的管理

A．Ⅰ、Ⅱ　　　　　　　　　　　　B．Ⅰ、Ⅲ
C．Ⅱ、Ⅲ　　　　　　　　　　　　D．Ⅰ、Ⅱ、Ⅲ

【答案】D

【解析】股权投资基金管理人在基金运作中具有核心作用，基金产品的设计、基金份额的销售与备案、基金资产的管理等重要职能多半由基金管理人或基金管理人选定的其他服务机构承担。

三、股权投资基金托管人

股权投资基金托管人的具体内容见表2-3。

表2-3　股权投资基金托管人

项目	具体内容
概述	为了保证基金财产的安全，有些国家的法律法规要求股权投资基金按照资产管理和保管分开的原则运作，由专门的基金托管人保管基金资产
	法律法规未做强制要求的情况下，基金投资者和基金管理人可以约定交由第三方基金托管人托管。基金托管人对基金资产保管并监督基金管理人
职责	①安全保管基金财产；②按照规定开设基金资金账户；③对同一基金管理人托管的不同基金的资金分别设立账户，确保各基金资金账户独立；④将托管资金与基金托管机构自有财产严格分开；⑤保存基金托管业务活动的记录、账册、报表和其他相关资料；⑥按照相关法律的规定和托管协议的约定，根据基金管理人的指令，及时办理清算、交割事宜；⑦按照相关法律的规定监督管理人的资金运作；⑧定期向基金管理人出具资产托管报告
作用	①基金财产由独立于基金管理人的基金托管人保管，可以防止基金财产被挪用，有利于保障基金资产的安全；②基金托管人对基金管理人的投资运作（包括投资对象、投资范围、投资比例、禁止投资行为等）进行监督，促使基金管理人按照有关法律法规和基金合同的要求运作基金财产，有利于保护基金投资者的合法权益；③基金托管人对基金财产所进行的会计复核和净值计算，有利于防范、减少基金会计核算中的差错，保证基金份额净值和会计核算的真实性和准确性

⭐ 考点回顾 | 单项选择题

股权投资基金托管人的作用不包括（　　）。

A．安全保管基金财产　　　　　　　B．办理银行账户
C．复核审查资产净值　　　　　　　D．开展投资监督

【答案】B

【解析】基金托管人在基金运作中有非常重要的作用，主要包括：①基金财产由独立于基金管理人的基金托管人保管，可以防止基金财产被挪用，有利于保障基金资产的安全；②基金托管人对基金管理人的投资运作（包括投资对象、投资范围、投资比例、禁止投资行为等）进行监督，促使基金管理人按照有关法律法规和基金合同的要求运作基金财产，有利于保护基金投资者的合法权益；③基金托管人对基金财产所进行的会计复核和净值计算，有利于防范、减少基金会计核算中的差错，保证基金份额净值和会计核算的真实性和准确性。

第二节 股权投资基金的市场服务机构

股权投资基金的市场服务机构主要包括基金财产保管机构、基金销售机构、基金份额登记机构、律师事务所、会计师事务所等。

股权投资基金的市场服务机构及其从业人员应当遵守法律法规和行业规范,遵从服务协议,诚实信用、勤勉尽责、恪尽职守,保护股权投资基金财产安全,维护投资者合法权益。

一、基金财产保管机构

通常情况下,公募基金采取强制托管,基金托管人是基金当事人之一。私募股权投资基金通常由基金管理人和基金投资者约定是否进行托管。如不托管,为保障基金财产安全,有时基金管理人会聘请基金资产保管机构。

在选择托管的情况下,基金管理人和基金托管人对投资者同时承担双重受托责任。在选择保管的情况下,基金资产保管机构是基金管理人的代理人,对基金资产承担保管责任。

二、基金销售机构

常见的股权投资基金的销售机构主要包括商业银行、证券公司、期货公司、保险机构、证券投资咨询机构、独立基金销售机构等。

股权投资基金的募集方式可分为自行募集和委托募集。自行募集是指基金管理人直接募集其管理的基金。委托募集是指基金管理人委托第三方机构代为募集基金。受托募集的第三方机构就是基金销售机构。

基金销售机构提供的募集服务包括:
(1)为基金管理人提供推介基金。
(2)发售基金份额。
(3)办理基金份额认缴。
(4)退出。

基金销售机构的职责主要包括:
(1)将基金管理人的基金募集材料及时完整地提供给潜在基金投资者。
(2)全面如实披露投资风险及可能的投资损失。
(3)不得隐瞒任何重要信息。
(4)不得对募集材料中的信息做出任何误导性陈述。

考点回顾 单项选择题

目前可申请从事基金代理销售的机构不包括( )。
A. 商业银行 B. 保险公司
C. 证券投资咨询机构 D. 基金评价机构
【答案】D
【解析】目前具有基金销售业务资格的主体主要包括商业银行、证券公司、期货公司、保险公司、证券投资咨询机构、独立基金销售机构等。

三、基金份额登记机构

基金管理人可以办理其募集基金的份额登记业务，也可以委托基金份额登记机构代为办理基金份额的登记、过户、保管、结算等服务。

基金份额登记机构提供的服务包括：

(1) 建立并管理投资者的基金账户。
(2) 负责基金份额的登记及资金结算。
(3) 基金交易确认。
(4) 代理发放红利。
(5) 保管投资者名册。

四、律师事务所

股权投资基金在募集与设立、投资、投资后管理、项目退出及基金清算等阶段，通常会聘请专业的律师事务所，为其提供相关法律服务。鉴于基金投资的专业性，投资者也可以根据具体情况聘请独立的法律顾问。

股权投资基金运作各阶段律师提供的服务见表2-4。

表2-4 基金运作各阶段律师提供的服务

运作阶段	提供服务内容
募集与设立阶段	①协助基金管理人设计基金的组织形式及内部结构；②根据基金管理人与基金投资者的商务安排，起草相关的基金法律文件；③在基金管理人委托的范围内，对基金投资者的资质进行审核；④协助完成基金管理人登记和基金备案工作，并根据需要出具相应的法律意见书
投资及投资后管理阶段	①在基金的投资领域、投资方向的限制方面，向基金管理人提供咨询服务；②在初步确定拟投资企业后，律师按照基金管理人的委托，勤勉审慎地对拟投资企业进行法律尽职调查，提交法律尽职调查报告或法律意见书，协助基金管理人分析投资涉及的法律问题和风险；③协助基金管理人起草或审阅与基金投资有关的法律文件；④在投资后管理阶段，按照基金管理人的委托，根据投资法律文件的约定，保护基金在拟投资企业中的合法权益
项目退出阶段	①按照基金管理人的委托，研究基金投资的退出结构及方式；②根据不同退出方式的相关法律规定，起草相关法律文件，参与谈判，协助基金管理人最大限度地获取合法投资收益
清算阶段	①按照法律规定和基金合同的约定，协助确定清算主体；②协助清算主体制订清算方案；③协助实施清算方案，包括通知债权人、确认基金财产、分配基金财产；④对清算人出具的清算报告进行合规性审核

注意

基金管理人聘请的律师应该遵守诚实守信、勤勉尽责及审慎原则，根据相关法律法规、职业道德和行业惯例，按照基金管理人的委托，在基金运作的各个阶段提供专业的法律服务。

五、会计师事务所

会计师事务所在股权投资基金募集与设立、投资、投资后管理、项目退出、基金清算等阶段中，提供审计、财务和税务尽职调查、财务会计咨询、税务咨询、内部控制咨询、估值等专业服务。

会计师事务所及其执业人员应遵守独立、客观、公正的原则，根据法律法规、职业道德和行业惯例，按照基金管理人的委托，提供专业的服务。

> **拓展链接**
>
> 担任基金或基金管理人的审计机构的会计师事务所由基金管理人委任，按照与基金或基金管理人签订的协议对基金或基金管理人的财务报表进行审计。投资者可以参与选择承办基金审计业务的审计机构。基金管理人应将基金的审计机构的委任情况及时告知投资者。审计机构应按照审计准则和职业道德规范的要求组织实施审计工作。

★ **考点回顾 | 单项选择题**

股权投资基金的市场服务机构包括（　　）。

Ⅰ．基金销售机构
Ⅱ．基金份额登记机构
Ⅲ．会计师事务所
Ⅳ．律师事务所
Ⅴ．基金财产保管机构

A．Ⅰ、Ⅱ、Ⅲ、Ⅴ
B．Ⅰ、Ⅱ、Ⅲ、Ⅳ
C．Ⅱ、Ⅲ、Ⅳ、Ⅴ
D．Ⅰ、Ⅱ、Ⅲ、Ⅳ、Ⅴ

【答案】D

【解析】股权投资基金的市场服务机构主要包括基金财产保管机构、基金销售机构、基金份额登记机构、律师事务所、会计师事务所等。

第三节　股权投资基金的监管机构和自律组织

股权投资基金管理人接受基金投资者的委托为其进行资产管理，因此会存在委托代理关系中信息不对称带来的风险，股权投资基金还具有信息透明度较低、产品设计复杂、流动性低、风险性较高、杠杆率较高等特点。为了保护投资者合法权益、防范系统性金融风险，需要对股权投资基金活动进行不同程度的监督管理。

股权投资基金通常采取有限监管，自律是监管的有效补充，是股权投资基金行业自身利益所需。

一、股权投资基金的监管机构

股权投资基金的监管机构的具体内容见表2-5。

表2-5　股权投资基金的监管机构

项目	具体内容
概念	广义的股权投资基金监管，是指有法定监管权的政府机构、行业自律组织、基金机构内部监督部门以及社会力量对股权投资基金市场、基金市场主体及其活动的监督管理
	狭义的股权投资基金监管，一般专指政府监管机构依法对股权投资基金市场、基金市场主体及其活动的监督管理，即专指政府监管，是最具权威、最为有效的监管，对维护行业良好秩序、提高行业效率、保护投资者利益具有重大意义

续表

项目		具体内容
特征		监管主体及其权限具有法定性：监管机构依法行使法律法规规定的职责
		监管活动具有强制性：监管机构行使审批权、检查权、禁止权、撤销权、行政处罚权、行政处分权等，均具有法律效力，具有强制性
监管目标		保护基金投资者合法权益
		防范系统性金融风险
监管基本原则	依法监管原则	①监管机构的设置及其监管职权的取得，必须有法律依据；②监管职权的行使，必须依据法律程序，既不能超越法律的授权滥用权力，也不能怠于行使法定的职责；③对违法行为的制裁，必须依据法律的明确规定，秉公执法，不偏不倚
	高效监管原则	①监管机构具有权威性，要赋予监管机构合法的监管地位以及合理的监管权限和职责；②确定合理的监管内容体系；③对于违法行为，要规定明确的法律责任和制裁手段；④规范的监管程序、科学的监管技术、现代化的监管手段是高效监管的保证
	适度监管原则	市场失灵要求政府干预，但现代市场经济的政府干预应是"适度"的干预，即政府监管应适度
	审慎监管原则	股权投资基金监管机构在制定监管规范以及实施监管行为时，注重基金机构的风险防控和偿付能力，以确保基金运作稳健和基金财产安全，切实保护投资者的合法权益
	分类监管原则	根据不同类别股权投资基金的不同风险特点，采取不同的监管要求和方式

> **注意**
> 中国证监会及其派出机构是我国股权投资基金的监管机构，对股权投资基金业务实施监督管理，对违法行为进行查处。

二、股权投资基金的自律组织

（一）股权投资基金行业自律的概念

股权投资基金行业自律，是指行业自律组织对股权投资基金市场、基金市场主体及其活动的监督和约束。一般采取行业协会形式，由基金管理人和其他基金服务机构组成。

股权投资基金行业自律相关内容如下：

（1）股权投资基金行业自律是行业交易规则的自我制定过程，也是一种与政府监管并列的市场治理手段。

（2）在法律规定和政府监管的基础上，行业成员联合设定行业规则，包括信息披露、利益冲突、内部治理和运营、行业行为守则等。

（3）股权投资基金行业自律是由行业自律组织实施的自律约束。行业自律组织不仅创建行业规则，也监督行业规则的遵守并对其内部成员执行行业规则。

（二）股权投资基金行业自律与政府监管的关系

股权投资基金行业自律与政府监管的关系见图2-1。

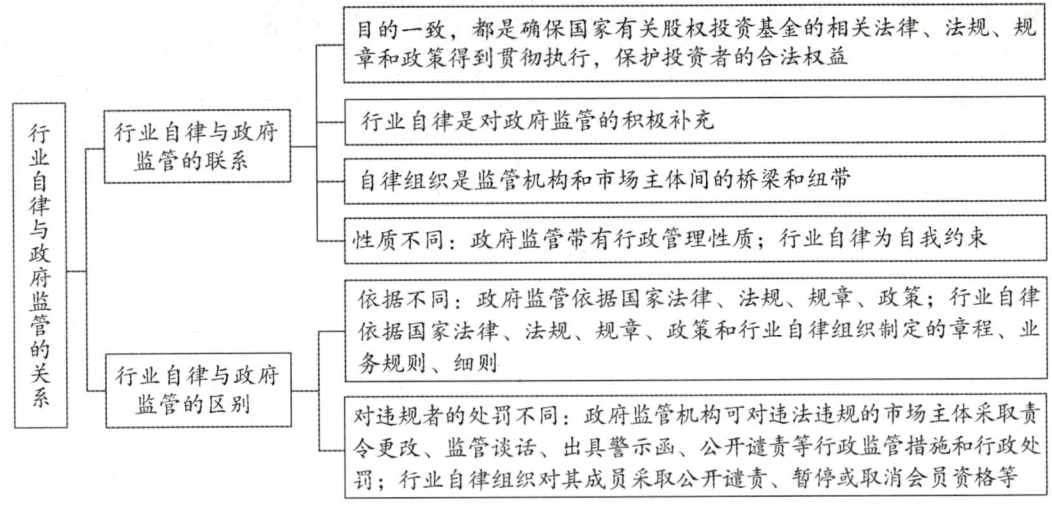

图 2-1 股权投资基金行业自律与政府监管的关系

(三) 股权投资基金行业自律的重要性

股权投资基金行业自律组织的作用包括:

(1) 提供行业服务,促进行业交流和创新,提升行业职业素质,提高行业竞争力。

(2) 发挥行业与政府间的桥梁和纽带作用,维护行业合法权益,促进公众对行业的理解,提升行业声誉。

(3) 履行行业自律管理,促进行业合规经营,维护行业的正当经营秩序。

(4) 促进会员忠实履行受托义务和社会责任,推动行业持续稳定健康发展。

(四) 股权投资基金的自律组织

由基金管理人和市场服务机构共同成立的中国证券投资基金业协会是我国股权投资基金行业的自律组织,对股权投资基金业开展行业自律,协调行业关系,提供行业服务,促进行业发展。

考点回顾 单项选择题

中国证券投资基金业协会依法对股权投资基金业(　　),促进行业发展。

Ⅰ. 协调行业关系　　　　　　　　　Ⅱ. 提供行业服务
Ⅲ. 开展行业自律

A. Ⅰ、Ⅱ　　　　　　　　　　　　　B. Ⅰ、Ⅲ
C. Ⅱ、Ⅲ　　　　　　　　　　　　　D. Ⅰ、Ⅱ、Ⅲ

【答案】D

【解析】中国证券投资基金业协会是我国股权投资基金的自律组织,依法对股权投资基金业开展行业自律,协调行业关系,提供行业服务,促进行业发展。

股权投资基金的分类

本章共包含四个小节。

第一节主要讲述了创业投资基金和并购基金的概念、投资形式以及运作特点。

第二节主要讲述了公司型基金、合伙型基金、信托（契约）型基金的概念以及特点。

第三节主要讲述了人民币股权投资基金和外币股权投资基金的相关内容。

第四节主要讲述了股权投资母基金的概念、业务、作用以及政府引导基金的概念、宗旨、对创业投资基金的三种支持方式。

知识结构

- **股权投资基金的分类**
  - **创业投资基金与并购基金**
    - 创业投资基金
      - 概念、投资形式、运作特点（4个）
    - 并购基金
      - 概念、投资形式、运作特点（4个）
      - 并购基金主要是杠杆收购基金
  - **公司型基金、合伙型基金与信托（契约）型基金**
    - 公司型基金
      - 概念、特点（3个）
    - 合伙型基金
      - 概念、特点（2个）
    - 信托（契约）型基金
      - 概念、特点（3个）
  - **人民币基金与外币基金**
    - 人民币股权投资基金包括内资人民币股权投资基金和外资人民币股权投资基金
  - **股权投资母基金**
    - 股权投资母基金的概念、业务（3类）、作用（4个）
    - 政府引导基金的概念、宗旨、对创业投资基金的支持方式（3种）

第一节 创业投资基金与并购基金

一、创业投资及创业投资基金

(一) 创业投资

创业投资的具体内容见表3-1。

表 3-1 创业投资

项目	具体内容	
概念	创业投资是指向处于创建或重建过程中的未上市成长性创业企业进行股权投资,以期所投资创业企业发育成熟或相对成熟后,主要通过股权转让获取资本增值收益的投资方式	
投资对象	包括早期、中期、后期各个发展阶段的未上市成长性企业	
投资形式	非组织化创业投资	是指非专业机构和个人分散从事创业投资。天使投资,是指除被投资企业职员及家庭成员和直系亲属以外的个人以其自有资金直接开展的创业投资活动,属于非组织化创业投资范畴
	组织化创业投资	是指机构或个人通过设立专业创业投资组织从事创业投资

(二) 创业投资基金

创业投资基金的具体内容见表3-2。

表 3-2 创业投资基金

项目	具体内容
概念	创业投资基金是指主要投资于处在各个创业阶段的未上市成长性企业的股权投资基金
投资形式	通过注资的形式对企业的增量股权进行投资
运作特点	①投资对象主要是未上市成长性创业企业;②通常采取参股性投资;③一般不借助杠杆,以基金的自有资金投资;④投资收益主要源于所投资企业因价值创造带来的股权增值

二、并购基金

(一) 并购基金概述

并购基金的具体内容见表3-3。

表 3-3 并购基金

项目	具体内容
概念	并购基金是指主要对企业进行财务性并购投资的股权投资基金
投资形式	通过购买股权的形式对企业的存量股权进行投资,只是一种所有权转移的投资方式,并不为企业提供任何资金,获得资金的是出让企业股权的老股东
运作特点	并购基金作为财务投资者,在收购中通常采取较高的杠杆率。因此,并购基金主要是杠杆收购基金
	杠杆收购基金的运作特点:①投资对象主要是成熟企业;②采取控股性投资方式;③采用杠杆收购形式;④投资收益主要源于管理增值带来的股权增值

(二) 杠杆收购基金

杠杆收购基金的具体内容见表3-4。

表3-4 杠杆收购基金

项目			具体内容
投资方式	杠杆收购，是指"少量自有资金＋大规模外部资金"收购目标企业的活动		
	收购方自有资金和外部资金比例的取决因素包括：①目标公司能产生的现金流；②外部资金的融资成本；③资本结构的风险		
	收购资金来源	普通股	由收购方提供资金。股权资本主要由杠杆收购基金提供，采取普通股的形式。由于目标公司的规模较大，通常会采取几家基金联合投资（俱乐部交易）的形式，其中一家基金作为牵头投资人，统筹整个杠杆收购交易，其他基金提供各自的关系和技能。杠杆收购基金也会联系目标公司管理层和老股东一起提供股权资本。这种情况下，杠杆收购基金提供大部分的股权资本，拥有目标公司的控股权，能够严密地控制管理层去执行杠杆收购策略
		夹层资本	处于资本结构的中间位置，收益和风险介于银行贷款和股权资本之间。通常采取优先股和次级债券的形式，有时附有对普通股的认股权或转股权。弹性较大，可满足特定交易的个性化需求。通常由夹层基金、保险公司以及公开市场提供
		高级债	即银行提供的并购贷款，是杠杆收购的主要资金来源，通常分为循环贷款和定期贷款。循环贷款提供目标企业日常营运资本。目标公司需要时可以随时在授信额度内向银行贷款，这部分贷款可以反复借贷与偿还。循环贷款通常是杠杆收购中成本最低的债务融资方式，享有最高级别的优先受偿权。定期贷款具有固定偿还期限，通常以被收购企业资产作抵押，需要分期偿还本金和利息
投资对象	条件		优质的资产（提高了收购方获得债务融资的可能）和充裕的现金流（增强了收购方偿付债务的能力）
	特征		①处于成熟行业；②具有强劲、稳固的市场地位；③有稳定、可预测的现金流；④拥有坚实的抵押资产基础；⑤资产负债率较低；⑥资本性支出较低；⑦有减少开支的潜力；⑧资产可剥离
投资分析	主要通过构建杠杆收购财务模型实现		
	构建杠杆收购财务模型的目标：①评估交易融资结构；②测算投资回报；③估值		
	构建杠杆收购财务模型的步骤：①收集、分析、处理与交易相关的基础信息和数据；②构建杠杆收购前的财务模型；③输入交易相关数据；④构建杠杆收购后的财务模型；⑤杠杆收购分析		
作用	是杠杆收购的金融发起人，起着核心作用		
	杠杆收购基金在杠杆收购中的职责包括：①选择杠杆收购的目标；②谈判收购价格；③募集高级债及夹层资本；④通过一个结束性事件完成交易；⑤作为公司的所有者及董事会控制成员，通过已有管理层或新的管理层经营收购公司；⑥监督高层管理者的活动及决策；⑦做出所有的战略和财务决策；⑧决定出售公司的时机和方式。第①、②、③、⑧项通常在投资银行的协助下完成		

拓展链接

（1）夹层资本与借贷资本的本质区别在于：借贷资本可以要求融资方提供资产抵押或第三方担保；夹层资本作为准股权资本，无法要求融资方提供资产抵押或第三方担保。

（2）在杠杆收购融资中，夹层资本比银行贷款优先级低、成本高，比股权资本优先级高、成本低，进一步拓展了杠杆收购基金的融资渠道，提高了可用杠杆水平。

（3）银行贷款是杠杆收购中级别最高、成本最低和弹性最低的融资来源。

（4）评估交易融资结构，是在给定的现金流、信用条件、利率的基础上确定杠杆收购过程对目标企业的资产负债表和信用的影响，分析融资结构的合理性。测算投资回报，是通过计算内部收益率来确定目标企业是否具有投资价值，杠杆收购基金能否获得合理的回报。估值，是通过适当的估值方法来估算目标企业的价值。

考点回顾 单项选择题

1. 杠杆收购的收购资金主要来源有（　　）。
   Ⅰ. 普通股　　　　Ⅱ. 夹层资本　　　　Ⅲ. 银行贷款
   A. Ⅰ、Ⅱ　　　B. Ⅰ、Ⅲ　　　C. Ⅱ、Ⅲ　　　D. Ⅰ、Ⅱ、Ⅲ
   【答案】D

2. 下列关于杠杆收购基金投资方式的说法，错误的是（　　）。
   A. 银行贷款是杠杆收购的主要资金来源
   B. 夹层资本比银行贷款优先级高、成本低
   C. 收购资金的主要三个来源分别是普通股、夹层资本和银行贷款
   D. 银行贷款通常由循环贷款和定期贷款两部分组成
   【答案】B
   【解析】在杠杆收购融资中，夹层资本比银行贷款优先级低、成本高，比股权资本优先级高、成本低。选项B错误。

第二节　公司型基金、合伙型基金与信托（契约）型基金

股权投资基金按组织形式的分类见表3-5。

表3-5　股权投资基金按组织形式的分类

分类	概念	参与主体	法律主体资格	运营依据	特点
公司型基金	采用公司的组织形式，投资者是股东，依法享有股东权利，并以其投资额为限对公司债务承担有限责任，可自行或委托专业基金管理人进行管理的股权投资基金。其组织结构图见图3-1	投资者和基金管理人	企业法人实体	公司章程	①公司有着更为悠久的历史和健全的法律环境，因而有更完整的组织结构和更规范的管理系统，可以有效降低运作风险；②公司型基金是独立的企业法人，可以通过借款来筹集资金；③公司的有限责任意味着全体股东承担有限责任
合伙型基金	采用有限合伙企业的组织形式，投资者作为合伙人参与投资，依法享有合伙企业财产权，由普通合伙人对合伙债务承担无限连带责任，由基金管理人具体负责投资运作的股权投资基金。其组织结构图见图3-2	普通合伙人、有限合伙人及基金管理人	不具有独立的法人地位	合伙协议	①合伙型基金本质上是一种合伙关系，有限合伙人承担有限责任，普通合伙人对合伙企业债务承担无限连带责任，对有限合伙人企业的责任是执行合伙事务；②有利于避免双重纳税
信托（契约）型基金	是指通过订立信托契约的形式设立的股权投资基金。基金投资者通过购买基金份额，享有基金投资收益。基金管理人负责基金的经营和管理操作，基金托管人负责保管基金资产，执行管理人的指令，办理基金名下的资金往来。其组织结构图见图3-3	基金投资者、基金管理人及基金托管人	不具有独立的法人地位	信托契约	①信托（契约）型基金本质上是一种信托关系，运作比较灵活；②避免了双重纳税；③基金投资者以出资为限对基金的债务承担有限责任

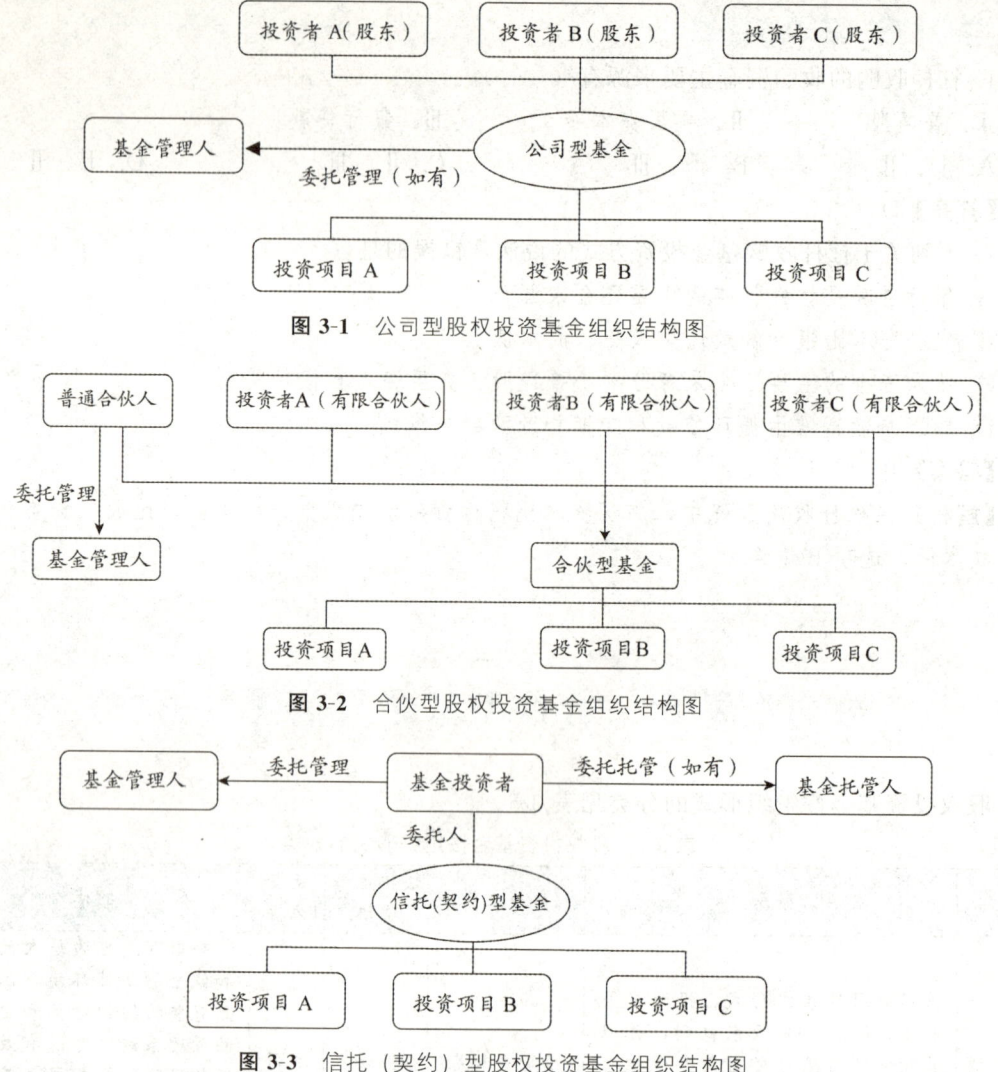

图 3-1 公司型股权投资基金组织结构图

图 3-2 合伙型股权投资基金组织结构图

图 3-3 信托（契约）型股权投资基金组织结构图

> **注意**
> （1）在我国，公司型基金可采取有限责任公司或股份有限公司的形式。
> （2）普通合伙人可自行担任基金管理人或者委托专业的基金管理机构担任基金管理人。有限合伙人不参与投资决策。

★ 考点回顾｜单项选择题

下列关于公司型基金的说法，错误的是（　　）。
A. 公司法人实体可采取有限责任公司或股份有限公司的形式
B. 公司型基金的参与主体主要为投资者和基金管理人
C. 公司型基金只能由公司管理团队自行管理，不能委托专业的基金管理机构担任基金管理人
D. 投资者既是基金份额持有者又是公司股东，按照公司章程行使相应权利、承担相应义务和责任

【答案】C
【解析】公司型基金可自行管理或委托专业的基金管理机构进行管理。选项C错误。

第三节 人民币基金与外币基金

股权投资基金按资金的性质分类见图3-4。

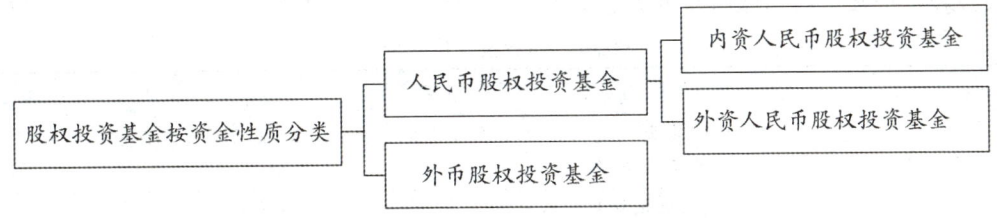

图 3-4　股权投资基金按资金的性质分类

一、人民币股权投资基金

人民币股权投资基金，是指依据中国法律在中国境内设立的主要以人民币对中国境内非公开交易股权进行投资的股权投资基金。

（1）内资人民币股权投资基金，是指中国国籍自然人或根据中国法律注册成立的公司、企业或其他经济组织依据中国法律在中国境内发起设立的主要以人民币对中国境内非公开交易股权进行投资的股权投资基金。

（2）外资人民币股权投资基金，是指外国投资者（包括外国公司、企业和其他经济组织或者个人）或外国投资者与根据中国法律注册成立的公司、企业或其他经济组织依据中国法律在中国境内发起设立的主要以人民币对中国境内非公开交易股权进行投资的股权基金。

二、外币股权投资基金

外币股权投资基金，是指依据中国境外的相关法律在中国境外设立，主要以外币对中国境内的企业进行投资的股权投资基金。

外币股权投资基金的基本运作方式——"两头在外"的具体涵义为：

（1）外币股权投资基金不在中国境内以基金名义注册法人实体，其经营实体注册在境外。

（2）外币股权投资基金在投资过程中，通常在境外设立特殊目的公司作为受资对象，并在境外完成项目的投资退出。

★ 考点回顾 | 单项选择题

下列关于外币股权投资基金基本运作方式的说法，错误的是（　　）。

A. 外币股权投资基金可以在国内以基金名义注册法人实体

B. 外币股权投资基金经营实体注册在境外

C. 外币股权投资基金在投资过程中，通常在境外设立特殊目的公司作为受资对象

D. 外币股权投资基金在境外完成项目的投资退出

【答案】A

【解析】外币股权投资基金不在中国境内以基金名义注册法人实体，其经营实体注册在境外。选项A错误。

第四节　股权投资母基金

扫码听课

一、股权投资母基金

股权投资母基金的具体内容见表3-6。

表3-6　股权投资母基金

项目		具体内容
概念		股权投资母基金（基金中的基金）是以股权投资基金为主要投资对象的基金。目前，股权投资母基金是股权投资基金最主要的投资者之一
业务	一级投资	是指母基金在股权投资基金募集时对基金进行投资，成为基金投资者
		母基金发展初期，主要从事一级投资。一级投资是母基金的本源业务
	二级投资	是指母基金在股权投资基金募集设立完成后，对存续基金或其投资组合公司进行投资
		投资业务的分类（按投资标的不同）：购买存续基金份额及后续出资额；购买基金持有的投资组合公司的股权
	直接投资	是指母基金直接对非公开发行和交易的企业股权进行投资
		母基金通常和其所投资的股权投资基金联合投资，母基金往往扮演跟投角色，让股权投资基金来管理这项投资
作用	分散风险	母基金通常会投资于15~25只股权投资基金，从而避免了单只股权投资基金投资中依赖于某一基金管理人的风险。通过分散投资于多只基金，使得母基金的投资实现多样性，从而投资者可以有效地实现风险分散
	专业管理	母基金管理人通常拥有全面的股权投资的知识、人脉和资源，在对股权投资基金进行投资时，有利于做出正确的投资决策
	投资机会	母基金作为股权投资基金的专业投资者，通常与股权投资基金具有良好的长期关系，有机会投资于优秀的基金。投资者通过投资于母基金而获得投资优秀基金的机会
	规模优势	①母基金可以帮助大的投资者投资小规模的基金，从而实现节约成本和分散投资；②母基金可以帮助小的投资者投资大规模的基金，从而达到大型基金的投资门槛。由于母基金拥有相当的规模，能够吸引、留住及聘用行业内最优秀的投资管理人才。中小投资者很少有足够的资源来吸引类似规模及品质的投资团队
风险、收益与成本		股权投资母基金通过分散投资降低了风险。其收益通常高于创业投资基金和并购基金的平均收益率。投资者通过母基金间接投资需额外承担管理人收取的管理费和业绩报酬

拓展链接

（1）在一级投资业务中，母基金在选择股权投资基金时应重点考察的内容包括：

1）投资理念——投资阶段、投资单笔规模、投资行业、目标公司特点、投资方式、投资角色、持股比例、董事会席位、联合投资。

2）市场——股权投资基金市场环境、市场定位、竞争对手分析。

3）管理团队——团队历史、团队组织结构、管理层、和谐度、工作量、团队变更、核心人员详细介绍、对团队主管的评价。

4）之前基金业绩——业绩整体分析、按照阶段分析、按照行业分析、按照退出途径分析、损失案例分析、高回报案例分析、股权占有量分析、投资角色分析。

> **拓展链接**
>
> 5) 投资流程——项目挖掘、尽职调查、投资决策。
> 6) 基金条款——期限、规模、管理人投资、管理费、业绩报酬。
> 7) 主观分析——独特性、卖点、需要关注的问题。
>
> （2）母基金二级投资业务比例不断增加的原因包括：①价格折扣，二级投资业务获得的收益比一级投资业务更高；②加速投资回收，母基金投资的是存续期的股权投资基金，缩短了投资等待期，加速回收投资；③投资于已知的资产组合，因为母基金投资的是存续基金，基金已经进行了投资，母基金能够知道股权投资基金的资产组合。
>
> （3）在直接投资业务中，母基金能够在股权投资基金的投资项目中，挑选最具吸引力、与其现有投资组合最匹配的项目，因此，直接投资自然也成为母基金的一项业务类型。

★ **考点回顾 单项选择题**

1. 股权投资母基金是以（　　）为主要投资对象的基金。
   A. 普通基金　　　　　　　　　　B. 货币基金
   C. 股权投资基金　　　　　　　　D. 风险投资基金

【答案】C
【解析】股权投资母基金（基金中的基金）是以股权投资基金为主要投资对象的基金。

2. 下列关于股权投资母基金业务的说法，错误的是（　　）。
   A. 一级投资，是指母基金在股权投资基金募集时对基金进行投资，成为基金投资者
   B. 二级投资，是指母基金在股权投资基金募集完成后对已有股权投资基金或其投资组合进行投资
   C. 直接投资，是指母基金直接进行股权投资
   D. 母基金发展初期，主要从事二级投资，二级投资是母基金的本源业务

【答案】D
【解析】母基金发展初期，主要从事一级投资。一级投资是母基金的本源业务。选项D错误。

二、政府引导基金

（一）政府引导基金的概念和宗旨

政府引导基金的概念和宗旨见图3-5。

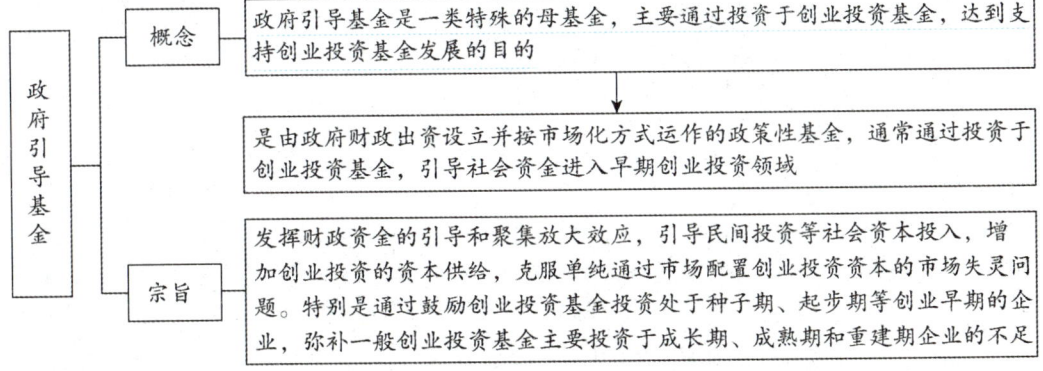

图3-5 政府引导基金的概念和宗旨

> **注意**
> 政府引导基金本身不直接从事股权投资业务。

（二）政府引导基金对创业投资基金的支持方式

1. 参股

政府引导基金主要通过参股方式，吸引社会资本共同发起设立创业投资企业。

2. 融资担保

政府引导基金根据信贷征信机构提供的信用报告，对历史信用记录良好的创业投资基金提供融资担保，支持其通过债权融资增强投资能力。

3. 跟进投资

产业导向或区域导向较强的政府引导基金，通过跟进投资，支持创业投资基金发展并引导其投资方向。

★ 考点回顾 | 单项选择题

下列关于政府引导基金的说法，错误的是（　　）。

A. 政府引导基金通常通过投资于创业投资基金，引导社会资金进入早期创业投资领域
B. 参股是指政府引导基金主要通过参股方式，吸引社会资本共同发起设立创业投资企业
C. 政府引导基金对创业投资基金的支持方式包括参股、融资担保、跟进投资
D. 融资担保是指产业导向或区域导向较强的政府引导基金，通过跟进投资，支持创业投资基金发展并引导其投资方向

【答案】D

【解析】跟进投资是指产业导向或区域导向较强的政府引导基金，通过跟进投资，支持创业投资基金发展并引导其投资方向。选项D错误。

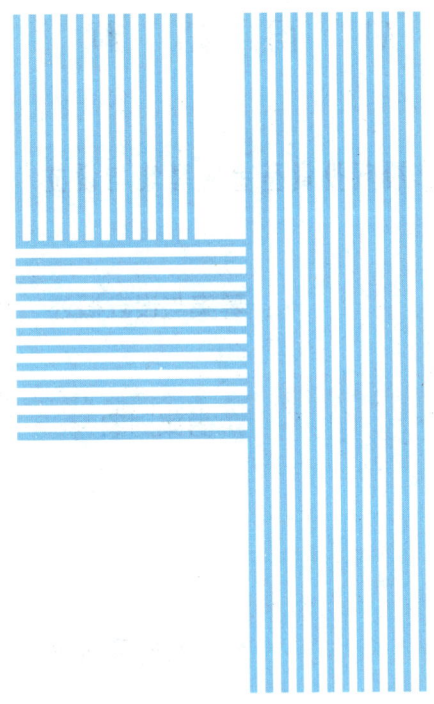

股权投资基金的募集与设立

本章共包含五个小节。

第一节主要讲述了股权投资基金募集与设立的概念以及两者之间的区别和联系。

第二节主要讲述了国外股权投资基金投资者和国内股权投资基金投资者的主要类型以及合格投资者的相关标准。

第三节主要讲述了股权投资基金的募集方式、募集流程以及募集所需的材料。

第四节主要讲述了公司型基金、合伙型基金和信托（契约）型基金资金募集与出资安排、投资决策、收益分配安排以及基本税负的相关内容。

第五节主要讲述了公司型基金合同、合伙型基金合同、信托（契约）型基金合同的设立条件和步骤。

知识结构

股权投资基金的募集与设立

- **募集与设立概述**
  - 募集与设立的区别与联系

- **募集对象**
  - 国外股权投资基金投资者的主要类型（6类）
  - 中国股权投资基金投资者的主要类型（6类）
  - 合格投资者的标准

- **募集方式及流程**
  - 募集方式：自行募集、委托募集；公开募集、非公开募集
  - 募集流程：募集筹备期、黄金路演期、投资者确认、协议签署及出资
  - 所需材料：私募备忘录、募集推介材料、（反向）尽职调查资料、基金条款书

- **组织形式选择**
  - 公司型基金、合伙型基金和信托（契约）型（3选1）

- **股权投资基金的设立**
  - 基金合同：公司型基金合同、合伙型基金合同、信托（契约）型基金合同
  - 设立条件及步骤

第一节 募集与设立概述

一、股权投资基金募集的概念

股权投资基金的募集,是指股权投资基金管理人或者受其委托的募集服务机构向投资者募集资金,用于设立股权投资基金的行为。

从募集主体机构的角度看,基金的募集分为自行募集和委托募集。

自行募集,是指由管理人自行拟定基金募集推介材料、寻找投资者的基金募集方式。

委托募集,是指基金管理人委托第三方机构代为寻找投资者来完成资金募集工作,并支付相应服务费。

二、股权投资基金设立概述

(一) 股权投资基金的设立

股权投资基金的设立见表 4-1。

表 4-1 股权投资基金的设立

项目	具体内容
概念	股权投资基金需具备一定的组织形式,设立股权投资业务主体的行为即股权投资基金的设立
组织形式	公司型、合伙型及信托(契约)型
影响组织形式选择的因素	法律依据、监管要求、与股权投资业务的适应度、基金运营实务的要求以及税负等
设立要求	①公司型基金和合伙型基金的设立,通常需在工商管理部门完成名称预先核准、申请设立登记和领取营业执照的流程;②信托(契约)型基金不是企业实体,无须办理工商注册登记程序,根据投资者和管理人签署的信托契约设立;③股权投资基金设立完成后,应在中国证券投资基金业协会办理基金备案

(二) 基金募集和设立的区别与联系

1. 区别

(1) 过程不同。基金的募集是基金管理人募集资金的过程;基金的设立是基金管理人依法设立开展股权投资业务主体的过程。

(2) 主要考虑的问题不同。基金的募集主要考虑募集渠道、募集对象、募集过程合规性等问题;基金的设立主要考虑基金组织形式、基金架构、登记备案等问题。

2. 联系

基金业务从资金的募集开始,只有募集到充裕、稳定的资金,股权投资基金才能顺利地设立和健康地运行,因此,基金募集是基金设立的必要前提。

第二节 募集对象

一、投资者的主要类型

股权投资基金的募集对象,也就是投资者、基金的出资人和基金资产的所有者,按其所持有的基金份额享受收益和承担风险。

（一）国外股权投资基金投资者的主要类型

国外股权投资基金投资者的主要类型见表 4-2。

表 4-2　国外股权投资基金投资者的主要类型

主要类型	具体内容
养老基金	包括公司养老基金和公共养老基金，是资本市场稳定的机构投资者，可以提供长期的资金来源。养老基金基于投资风险和期望收益的平衡考虑，通常会将一定比例的资金配置到股权投资基金行业
	在美国和欧洲市场，养老基金的规模很大，是股权投资基金的第一大资本供给者
母基金	是以股权投资基金为投资对象的基金。其在基金的筛选、投资组合的分配与风险管理及基金的监控等方面具有较高的专业化水平
	在国外股权投资基金中，母基金是重要的机构投资者
大学基金会	其资金来源主要是社会捐赠。作为非营利基金会，大学基金会为了保持学校的运作而设立，流动性需求不强，可以进行相对长期的投资
	是国外股权投资基金重要的机构投资者。大学基金会起源于欧美，以美国的大学基金会最为典型
大型企业	有资金实力的大型企业通常通过两种方式参与股权投资：①自己出资，以子公司的形式进行创业投资或并购投资业务；②作为投资者，参与专业基金管理人发起设立的股权投资基金
金融机构	在西方国家，参与股权投资基金的金融机构主要包括商业银行和投资银行
	金融机构投资于股权投资基金主要方式包括：①作为基金投资者投资于股权投资基金；②作为基金管理人发起成立基金，直接参与股权投资
富有的个人或家族	一般作为基金投资者而不是管理人参与到股权投资基金中。在进行资产配置时，通常会考虑将一定比例的可投资资金配置到股权投资基金这一资产类别中

（二）国内股权投资基金投资者的主要类型

国内股权投资基金投资者的主要类型见表 4-3。

表 4-3　国内股权投资基金投资者的主要类型

主要类型	具体内容
母基金	通过将募集到的资金投资于不同的股权投资基金中，使投资组合实现多样化，从而降低投资的整体风险。母基金已经成为我国股权投资基金行业重要的投资者
政府引导基金	由政府设立并按市场化方式运作的政策性基金，是一种特殊的母基金。政府引导基金已经成为我国创业投资基金行业重要的投资者
社会保障基金	全国社会保障基金是中国最大的养老基金。目前，社会保障基金投资于股权投资基金的总金额并不高。随着股权投资基金行业的发展成熟以及相关政策的放松，未来社会保障基金投资于股权投资基金行业的资金量有较大的增长空间
金融机构	保险公司、商业银行、证券公司、基金子公司等金融机构正成为越来越重要的股权投资基金投资者。保险公司的投资资金通常具有较长的投资期限，适合股权投资基金的投资
	随着我国"商业银行开展股权投资"试点的推进，商业银行的资金将有望有序进入创业投资基金领域。证券公司目前主要通过设立投资管理子公司进入股权投资基金管理行业。基金子公司主要通过资管计划投资于股权投资基金
工商企业	是目前我国股权投资基金最主要的投资资金来源，包括外国企业、注册在我国的外资企业、国有企业、民营企业等
个人投资者	高净值个人投资者包括企业家、大型企业高管、娱乐及体育明星等

二、合格投资者制度

合格投资者制度，是指要求股权投资基金管理人只能向法律法规认可的、符合一定标准的投资者募集资本。合格投资者是指具有一定风险识别能力和风险承担能力的投资者。

（一）建立合格投资者制度的必要性

基金投资者和基金管理人之间属于委托受托关系，基金投资者提供投资资金，基金管理人负责基金的投资决策。基金管理人和基金投资者之间存在较为严重的信息不对称，在这种情况下，基金管理人有可能利用其信息优势从事对自己有利，对基金投资者不利的行为，以损害基金投资者利益。

很多国家规定，股权投资基金只向合格投资者募集。合格投资者具有资本雄厚、风险识别与承受能力更强、专业知识更丰富等特点，对基金具有较强的筛选、判断及监督能力。在此基础上，辅以向投资者报告基金运作信息的制度，更好地保护基金投资者。

（二）合格投资者的标准

合格投资者制度起源于美国。通常情况下，西方国家的合格投资者标准的特点包括：

（1）要求投资者具有一定的风险识别能力和风险承担能力。

（2）要求投资者认购的基金份额达到某一最低要求。

（3）根据投资者的资产规模或收入水平判断其风险承担能力。

（4）认可某些持有特定金融牌照（如商业银行）或其他大型专业投资机构（如养老基金）及其高级管理人员为当然合格投资者。

我国《证券投资基金法》规定，合格投资者是指达到规定资产规模或者收入水平，并且具备相应的风险识别能力和风险承担能力、其基金份额认购金额不低于规定限额的单位和个人。

★ 考点回顾 ┃ 单项选择题

根据我国《证券投资基金法》的规定，合格投资者是指（　　）的单位和个人。

Ⅰ. 达到规定资产规模或者收入水平

Ⅱ. 并且具备相应的风险识别能力和风险承担能力

Ⅲ. 其基金份额认购金额不低于规定限额

A. Ⅰ、Ⅱ　　　　　　　　　　　　　　B. Ⅰ、Ⅲ

C. Ⅱ、Ⅲ　　　　　　　　　　　　　　D. Ⅰ、Ⅱ、Ⅲ

【答案】D

第三节　募集方式及流程

一、股权投资基金募集方式

股权投资基金募集方式见表4-4。

表 4-4 股权投资基金的募集方式

分类依据	类型	具体内容
根据是否委托第三方募集机构募集	自行募集	①应设置有效机制,保障结算资金安全;②不得向合格投资者以外的单位和个人募集资金;③应根据投资者适当性管理要求,采取问卷调查等方式对投资者的风险识别能力和承担能力评估;④在问卷调查过程中,应指导投资者如实填写风险识别能力和风险承担能力问卷,如实承诺资产或者收入情况;⑤请投资者阅读风险揭示书,在投资者全面知悉风险且有能力并愿意承担所投资特定基金的风险的情况下,签字确认
	委托募集	委托具有合格基金销售资质和专业基金销售服务团队的机构代为募集,并签订书面协议,要求其严格遵守合格投资者制度和募集规定,履行对投资者的评估和投资者风险确认程序。销售机构应获得中国证监会基金销售业务资格并成为基金业协会会员
根据是否通过公开渠道向非特定对象募集	公开募集	通过公开渠道向非特定对象推介基金产品
	非公开募集	通过设置特定对象确定程序的渠道进行非公开推介基金产品

注意

在我国,目前不允许股权投资基金的公开募集。

二、股权投资基金募集流程及材料

(一)募集流程

1. 募集筹备期

(1)基金管理人撰写基金私募备忘录(PPM)。

(2)与潜在投资者举行会晤。

(3)评估、筛选准备定向路演的对象。

2. 基金路演期

(1)基金管理人准备募集推介资料并分发私募备忘录。路演的方式可以包括举行线下定向路演活动等。

(2)基金管理人也会在募集筹备阶段和路演阶段向重要的潜在投资者提供基金条款书,作为下一阶段的基金商务谈判基础。

3. 投资者确认

(1)基金管理人向达成意向的潜在投资者提供(反向)尽职调查材料,潜在投资者对基金管理人展开(反向)尽职调查。

(2)基金管理人在这个阶段需要鉴别主要基金投资者并就最终条款展开预先谈判,谈判基金合同和附属文件。

4. 协议签署及出资

(1)基金管理人与基金投资者确定募集结束日期,传阅最终文件并签署基金合同和附属文件,按照基金合同的约定履行出资义务。

(2)基金管理人需要确保履行的程序和募集结束时的基金状态符合法律法规要求。

拓展链接

我国要求各类私募基金(包括股权投资基金在内)的募集需履行的程序包括:特定对象确定、投资者适当性匹配、基金风险揭示、合格投资者确认、投资冷静期以及回访确认(非强制)等步骤。

(二)募集所需的主要资料

募集所需的主要资料见表 4-5。

表 4-5 募集所需的主要资料

资料	具体内容
私募备忘录（PPM）	类似于"招股说明书"，是基金管理人撰写的说明自身优势和投资计划的文件，用于招募基金投资者参与基金投资。潜在投资者主要依靠 PPM 来获得基金的信息，通常将其作为决策是否参与基金的主要信息来源
	通常情况下，PPM 包含的必要内容包括：①基金的规模、存续期和预计封闭时间；②基金管理人在管基金情况摘要；③机构和基金的投资理念，包括投资策略和基金管理人在特定市场上的竞争优势；④投资管理团队和投资决策委员会的介绍；⑤基金管理人过往业绩描述；⑥重要基金条款，包括分配机制、管理费及管理人投入等
募集推介资料	是基金管理人制作的关于特定基金产品的推介说明资料。相较于私募备忘录，募集推介资料重点描述募集中基金的基本情况，内容更为简明，但基金管理人也需要保证募集推介资料内容的真实性、完整性、准确性
(反向) 尽职调查资料	是根据基金投资者需求，由基金管理人准备和提供的关于基金管理人的一系列说明资料，通常包括：①基金管理人基本情况；②基金管理人内部治理和重要制度；③历史基金或项目业绩；④核心团队成员信息
基金条款书	在一些大型股权投资基金募集时，基金管理人会准备基金条款书对重要潜在投资者重点关注的基金条款进行描述，作为双方后续进行商务谈判的基础
	基金条款书中常见的基金条款包括：①经营/投资范围条款，通常包括投资期、投资范围、投资限制、循环投资等；②运营成本条款，除了按照资金承诺比例收取管理费外，还可以采用基于基金运营预算的收费机制；③利润分配条款，可能包括收益分配方式、门槛收益率、追赶方式、业绩报酬比例、回拨机制等；④资金承诺，基金投资者作出承诺时，要求基金管理人也承诺投入资金；⑤缴款安排，承诺的投入资金并非一次性汇入基金账户，在需要进行投资时，由基金管理人提出缴款要求；⑥退出与份额转让，基金管理人通常与基金投资者就基金扩募与缩募、份额退出、份额转让、基金清算等进行限制和约束

★ **考点回顾** 单项选择题

私募基金募集需履行的程序包括（　　）。

Ⅰ．特定对象的确定　　　　　　Ⅱ．投资者适当性匹配
Ⅲ．基金风险揭示　　　　　　　Ⅳ．合格投资者确认

A．Ⅰ、Ⅲ、Ⅳ　　　　　　　　B．Ⅰ、Ⅱ、Ⅳ
C．Ⅱ、Ⅲ、Ⅳ　　　　　　　　D．Ⅰ、Ⅱ、Ⅲ、Ⅳ

【答案】D

【解析】私募基金募集应当履行下列程序：①特定对象确定；②投资者适当性匹配；③基金风险揭示；④合格投资者确认；⑤投资冷静期；⑥回访确认（非强制）。

三、股权投资基金募集机构的责任和义务

基于基金投资者和基金管理人之间的委托受托关系，基金管理人对基金投资者的资金进行基金投资管理，从募集阶段开始，基金募集机构就需要对基金投资者投向基金的资金与财产安全承担责任与义务，从原则上主要包括：

（1）在募集过程中应恪尽职守、诚实守信、谨慎勤勉，防范利益冲突，展开风险提醒义务，反洗钱义务等相关义务，并按照法规要求的合格投资者制度承担特定对象确定、投资者适当性审查与确认等相关责任。

（2）在募集阶段应与基金投资者关于基金合同及附属文件充分沟通，并就法规可能影响的基金合同生效程序进行客观描述。

（3）应建立相关制度保障投资者的商业秘密并对个人信息严格保密，并确保基金相关的未公开信息不被用于进行非法交易等。

（4）应建立相关制度以保障基金财产和客户资金安全，包括但不限于基金募集与分配账户安排、基金托管安排等。

第四节　组织形式选择

一、法律依据与监管要求

（一）法律依据

在《合伙企业法》修订案和信托（契约）型基金相关法律法规生效前，早期的股权投资基金主要依据《公司法》设立公司型股权投资基金。

修订后的《合伙企业法》自 2007 年 6 月 1 日起施行，增加了"有限合伙"这种新的合伙企业形式。有限合伙是由普通合伙发展而来的一种合伙形式，将合伙人分为普通合伙人和有限合伙人。

广义信托（契约）型股权投资基金在我国涵盖信托计划、资产管理计划、信托（契约）型基金等多种形式。

2001 年 10 月 1 日正式施行的《信托法》和 2007 年 3 月 1 日中国银行业监督管理委员会（以下简称中国银监会）颁布实施的《信托公司集合资金信托计划管理办法》（2009 年 2 月 4 日修订）以及后续专门针对股权投资信托业务的操作指引，规定了信托公司可以运用债权、股权、物权及其他可行方式运用信托资金，即信托计划项下资金可以投资于未上市企业股权、上市公司限售流通股或中国银监会批准可以投资的其他股权。

2012—2013 年中国证监会公布实施了一系列部门规章和规范性文件，对证券公司、基金管理公司的资产管理业务进行规范，将信托（契约）型股权投资基金的形式扩充到了资产管理计划中。

（二）监管要求

无论是国家发展改革委时期的监管规则，还是现行中国证监会的监管法规，均依法由基金管理人自主选择基金及基金管理公司的组织形式。

★考点回顾｜单项选择题

在我国，广义信托（契约）型股权投资基金不包括（　　）。
A. 信托计划
B. 融资租赁计划
C. 资产管理计划
D. 信托（契约）型基金

【答案】B

【解析】广义信托（契约）型股权投资基金在我国涵盖信托计划、资产管理计划、信托（契约）型基金等多种形式。

二、与股权投资业务的适应程度

（一）资金募集与出资安排

1. 资金募集与出资

股权投资基金的资金来源主要为各类机构投资者和高净值个人客户，基金投向以未上市公司的股权和已上市企业的非公开交易股权为主，基金的资金规模通常较大、投资周期相对较长，因此股权投资基金通常采用承诺资本制。

（1）公司型基金。

公司的注册资本限额、缴付安排及出资方式等均不做强制性规定，全部由公司章程进行规定，因此可根据基金情况进行适应性约定。

（2）合伙型基金。

由合伙协议对出资方式、数额和缴付期限进行约定。《合伙企业法》规定有限合伙人可以用货币、实物、知识产权、土地使用权或者其他财产权利作价出资，不得以劳务出资。

在实务中，有限合伙人通常以货币形式出资参与股权投资基金。

（3）信托（契约）型基金。

通过契约的方式建立基金投资者出资、取得收益分配的规则，实务中多根据基金管理人募集资金的便利性和项目投资的安排等在基金合同中进行适应性约定。

★ 考点回顾 单项选择题

股权投资基金的募集在实践中募集对象一般为（　　）。

A. 政府　　　　　　　　　　B. 个人投资者

C. 事业法人　　　　　　　　D. 机构投资者

【答案】D

【解析】股权投资基金的资金来源主要为各类机构投资者和高净值个人客户。

2. 投资者人数限制

在我国，股权投资基金从资金募集的角度进行组织形式选择时，需要符合法律法规要求的人数限制，单只股权投资基金的投资者人数累计不得超过《公司法》《合伙企业法》《证券投资基金法》等法律规定的特定数量。

（1）公司型基金。

以有限责任公司形式设立的，股东人数应在50人以下；以股份有限公司形式设立的，股东人数不超过200人，且应当有2个以上发起人，其中须有半数以上的发起人在中国境内有住所。

（2）合伙型基金。

有限合伙企业应由2个以上50个以下合伙人设立，且有限合伙企业至少应当有1个普通合伙人。

（3）信托（契约）型基金。

按照《证券投资基金法》，投资者不得超过200人，由于目前尚未实现统一功能监管，仍存在一些未按规定监管的私募类信托（契约）型基金。例如信托计划，按中国银监会现行规定，单个信托计划的自然人人数不得超过50人，但单笔委托金额在300万元以上的自然人投资者和合格的机构投资者数量不受限制。对于基金管理公司的专项资产管理计划的人数，按现行规定，单个资产管理计划的委托人不得超过200人，但单笔委托金额在300万元人民币以上的投资者数量不受限制。

★ 考点回顾｜单项选择题

关于我国股权投资基金投资者人数限制的说法，错误的是（　　）。
A. 公司型基金以有限责任公司设立的不超过50人
B. 公司型基金以股份有限公司设立的不超过100人
C. 合伙型基金不超过50人
D. 契约型基金不超过200人

【答案】B
【解析】以股份有限公司形式设立的公司型基金，股东人数不超过200人。选项B错误。

（二）内部组织机构的设置与投资决策

股权投资基金的核心业务是投资实施、投资后管理与项目退出。与之密切相关的是各参与主体间的权利义务关系安排，特别是投资决策权的设置机制。

（1）公司型基金。

投资者出资成为公司股东，公司需依法设立董事会（执行董事）、股东大会（股东会）以及监事会（监事），通过公司章程对公司内部组织结构设立、监管权限、利益分配做出规定。

公司型基金的权力机构是股东大会（股东会），在公司型基金中投资者权力较大，可以在股东大会（股东会）层面对基金重大事项或重大投资进行决策。股东大会（股东会）聘任董事组成董事会，董事会负责聘任经理人员。在公司型基金中，既可以由公司内部的管理团队进行投资运营管理，也可以聘请外部管理机构进行投资运营管理。在实务中，公司型基金通常通过公司章程针对不同重要程度的投资项目约定合理的决策机制。

（2）合伙型基金。

基金的投资者以有限合伙人的身份存在，汇集股权投资所需的大部分资金，以其认缴的出资额为限对合伙企业债务承担责任，对外不可以代表有限合伙企业，不执行合伙事务。

普通合伙人对合伙企业的债务承担无限连带责任，执行合伙企业事务，合伙企业投资与资产处置的最终决策权应由普通合伙人做出。

在实际操作中，基金管理人机构作为基金合伙事务的实际执行者，通常会设立承担有限责任的子公司充当基金的普通合伙人。

合伙型基金往往会设置合伙人会议，但合伙人会议的职责与公司型基金中的股东大会（股东会）的职责差别显著。股东大会（股东会）是公司的权力机构，而合伙人会议更注重的是审议，如合伙人入伙与退伙、合伙人份额转让、合伙企业审计机构聘任等事项，有限合伙人不得通过合伙人会议直接或间接参与合伙企业事务的执行。

（3）信托（契约）型基金。

基金合同当事人遵循平等自愿、诚实信用、公平原则订立基金信托契约，明确当事人的权利、义务和责任。

在契约框架下，投资者通常作为"委托人"，把财产"委托"给基金管理人管理后，由基金管理人全权负责经营和运作，通常不设置类似合伙型基金常见的投资咨询委员会或投资决策委员会，即使有设置，投资者也往往不参与其人员构成，信托（契约）型基金的决策权归属基金管理人。

拓展链接

（1）公司治理结构的特点是股东至上。
（2）有限合伙治理结构的基本特点是普通合伙人掌握合伙企业事务执行权。
（3）信托（契约）型基金的基本特点是基金管理人高度控制基金决策权。

★ 考点回顾 | 单项选择题

在（　　）下，投资者通常作为"委托人"，把财产"委托"给基金管理人管理后，由基金管理人全权负责经营和运作。

A. 股份有限公司　　　　　　　　B. 有限责任公司
C. 契约框架　　　　　　　　　　D. 合伙企业

【答案】C

（三）收益分配安排

股权投资基金如何进行收益分配是投资者和基金管理人需要约定的关键内容，其中包括分配的原则、时间和顺序等。

（1）公司型基金。

公司型基金缴纳公司所得税后，按照公司章程中关于利润分配的条款进行分配。按照《公司法》的规定，税后利润分配需在亏损弥补和提取公积金之后进行，分配顺序灵活性相对较低。为避免提取大量公积金，实务中往往将账面资本金设计成远低于实际资本金。公司弥补亏损和提取公积金后所余税后利润在分配时，通常在有限责任公司型基金的股东中按照实缴的出资比例分配，或在股份有限公司型基金的股东中按照股东持有的股份比例分配。不过，新修订的《公司法》规定：若通过全体股东约定或股份有限公司章程规定，则可以突破前述常规安排。据此，公司型基金关于管理人激励适应性安排具备了相应的法律基础。

（2）合伙型基金。

合伙型基金在进行收益分配时，《合伙企业法》规定，"合伙企业的利润分配、亏损分担，按照合伙协议的约定办理；合伙协议未约定或者约定不明确的，由合伙人协商决定；协商不成的，由合伙人按照实缴出资比例分配、分担；无法确定出资比例的，由合伙人平均分配、分担"。在实务中，合伙型基金的收益分配原则、时点和顺序也通常根据股权投资业务中投资者和管理人的需求进行适应性安排。

（3）信托（契约）型基金。

基金收益分配的原则、时间和顺序等安排均通过契约约定，灵活性较大。《信托法》规定，"共同受益人按照信托文件的规定享受信托利益。信托文件对信托利益的分配比例或者分配方法未作规定的，各受益人按照均等的比例享受信托利益"。《证券投资基金法》规定了通过非公开募集方式设立的信托（契约）型基金的收益分配和风险承担由基金合同约定，非公开募集基金的基金合同应当包括基金收益分配原则、执行方式。在实务中，相关约定同样需参照现行行业监管和业务指引的要求。

三、股权投资基金的基本税负

基金税负是基金投资者和基金管理人在选择基金组织形式时重要的考量因素之一。在我国，股权投资基金的基本税负承担体现在两个方面：

（1）投资者就其投入资本取得的各类所得以及基金管理人取得的管理费和业绩报酬需要按照税法的要求缴纳所得税。

（2）基金管理人组织特定形式的股权投资基金运作股权投资业务以实现投资者投资资本的增值，不同形态的资本增值可能涉及流转税的计缴。

股权投资基金的基本税负见表4-6。

表4-6 股权投资基金的基本税负

项目		具体内容
所得税	公司型基金	公司型基金的税收规则是"先税后分"
		《企业所得税法》规定，公司以货币形式和非货币形式从各种来源取得的收入，为收入总额，包括：①销售货物收入；②提供劳务收入；③转让财产收入；④股息、红利等权益性投资收益；⑤利息收入；⑥租金收入；⑦特许权使用费收入；⑧接受捐赠收入；⑨其他收入
		公司型基金的"转让财产收入""股息、红利等权益性投资收益"为主要收入来源。当以债转股方式投资时，还可能存在"利息收入"。三类收入中，《企业所得税法》规定符合条件的居民企业之间的股息、红利等权益性投资收益为免税收入，可以在计算应纳税所得额时减除
		公司每一纳税年度的收入总额，减除不征税收入、免税收入、各项扣除以及允许弥补的以前年度亏损后的余额，为应纳税所得额。应纳税所得额乘以适用税率，减除依照《企业所得税法》关于税收优惠的规定减免和抵免的税额后的余额，为应纳税额。目前，企业所得税的税率为25%
		公司型基金的投资者作为公司股东，从公司型基金获得的利润分配是公司税后利润的分配，因此，当投资者是公司时，以股息红利形式获得分配时，可按照上述《企业所得税法》的规定免税；自然人投资者需缴纳股息红利所得税（适用税率为20%）并由基金代扣代缴，因而需承担双重征税（公司所得税与个人所得税）
	合伙型基金	《合伙企业法》规定，合伙企业生产经营所得和其他所得采取"先分后税"的原则
		合伙企业的每一个合伙人为纳税义务人。合伙企业层面不缴纳所得税。合伙企业合伙人是自然人的，缴纳个人所得税；合伙人是法人和其他组织的，缴纳企业所得税
		合伙企业每一纳税年度的收入总额减除成本，费用以及损失后的余额，为生产经营所得。生产经营所得和其他所得包括合伙企业分配给所有合伙人的所得和企业当年留存的所得（利润）
		现行税法规定，如果合伙人（含普通合伙人和有限合伙人）为自然人，对比《个人所得税法》中的"个体工商户的生产经营所得"应税项目，适用5%~35%的五级超额累进税率，计缴个人所得税；合伙人为公司时，均作为企业所得税应税收入，计缴企业所得税。在实务中，有限合伙型基金通常根据税法的相关规定，由基金代扣代缴自然人投资者的个人所得税
		如果合伙人本身为合伙企业，则同样按照"先分后税"的原则，下一层合伙人为纳税义务人

续表

项目		具体内容
所得税	信托（契约）型基金	信托（契约）型基金并非企业，不是企业所得税的纳税主体
		基金投资者从基金分配获得的利润，应按规定缴纳企业所得税或个人所得税。《证券投资基金法》规定，"基金财产投资的相关税收，由基金份额持有人承担，基金管理人或者其他扣缴义务人按照国家有关税收征收的规定代扣代缴"。目前股权投资业务的信托（契约）型基金的税收政策有待进一步明确
		实务中，信托计划、资管计划以及信托（契约）型基金通常均不作为课税主体，投资者应纳所得税一般也不实行代扣代缴，而是由投资者自行缴纳
流转税——增值税		我国自2016年5月1日起正式在全国范围内开展营业税改征增值税试点。根据财政部、国家税务总局的相关规定，金融业纳入营改增试点范围，由缴纳营业税改为缴纳增值税。股权投资基金运作股权投资业务取得不同形态的资本增值中，项目股息、分红收入属于股息红利所得，不属于增值税征税范围；项目退出收入通过并购或回购等非上市股权转让方式退出的，也不属于增值税征税范围；若项目上市后通过二级市场退出，则需按税务机关的要求，计缴增值税

★ 考点回顾│单项选择题

以下关于合伙企业税务的说法，错误的是（　　）。

A. 根据《合伙企业法》等相关规定，合伙企业生产经营所得和其他所得采取"先税后分"的原则

B. 合伙企业合伙人是自然人的，缴纳个人所得税；合伙人是法人和其他组织的，缴纳企业所得税

C. 如果有限合伙人为自然人，两类收入均按照投资者个人的"生产、经营所得"，适用5%～35%的超额累进税率，计缴个人所得税；如果有限合伙人为公司，两类收入均作为企业所得税应税收入，计缴企业所得税

D. 合伙型基金的投资者作为有限合伙人，收入主要为股息红利和股权转让所得两类

【答案】A

【解析】根据《合伙企业法》等相关规定，合伙企业生产经营所得和其他所得采取"先分后税"的原则，合伙企业合伙人是自然人的，缴纳个人所得税；合伙人是法人和其他组织的，缴纳企业所得税。合伙型基金的投资者作为有限合伙人，收入主要为股息红利和股权转让所得两类。如果有限合伙人为自然人，两类收入均按照投资者个人的"生产、经营所得"，适用5%～35%的超额累进税率，计缴个人所得税。如果有限合伙人为公司，两类收入均作为企业所得税应税收入，计缴企业所得税。

第五节　股权投资基金的设立

一、基金合同

（一）公司型基金合同

公司型基金合同的法律形式为公司章程，需要同时符合《公司法》等法律法规要求的要件，适应股权投资业务，并符合行业合规和自律要求。其具体内容见表4-7。

表 4-7　公司型基金合同

章程	具体内容
有限责任公司的章程	有限责任公司的章程应载明：①公司名称和住所；②公司经营范围；③公司注册资本；④股东的姓名或者名称；⑤股东的出资方式、出资额和出资时间；⑥公司的机构及其产生办法、职权、议事规则；⑦公司法定代表人；⑧股东会会议认为需要规定的其他事项
股份有限公司的章程	股份有限公司的章程应载明：①公司名称和住所；②公司经营范围；③公司设立方式；④公司股份总数、每股金额和注册资本；⑤发起人的姓名或者名称、认购的股份数、出资方式和出资时间；⑥董事会的组成、职权和议事规则；⑦公司法定代表人；⑧监事会的组成、职权和议事规则；⑨公司利润分配办法；⑩公司的解散事由与清算办法；⑪公司的通知和公告办法；⑫股东大会会议认为需要规定的其他事项
公司型基金的章程	公司型基金的章程中，关于股东的权利义务，入股、退股及转让，高级管理人员，投资事项（包括投资范围、投资运作方式、投资限制、投资决策程序、关联方认定标准及关联方投资的回避制度，以及投资后对被投资企业的持续监控、投资风险防范、投资退出、所投标的担保措施、举债及担保限制等），管理方式，托管事项（托管具体事项，未托管时需明确保障基金财产安全的制度措施和纠纷解决机制），利润分配和亏损分担（利润分配原则及顺序、利润分配方式、亏损分担原则及顺序等），税务承担，费用和支出（基金运营费用的核算和支付有关的事项），信息披露制度，财务会计制度（对基金记账、会计年度、审计、年度报告、查阅会计账簿的条件等事项做出约定），终止、解散及清算和章程的修订等内容通常根据募集活动中基金投资者和基金管理人的商务谈判落实条款，以此约定基金未来运行的基本框架

（二）合伙型基金合同

在合伙型基金中，普通合伙人、有限合伙人及基金管理人通过合伙协议、委托管理协议等，约定相关权利和责任，同时也对基金运作的相关事宜进行事先规范。其具体内容见表4-8。

表 4-8　合伙型基金合同

项目	具体内容
合伙协议	根据《合伙企业法》的规定，合伙协议应当载明：①合伙企业的名称和主要经营场所的地点；②合伙目的和合伙经营范围；③合伙人的姓名或者名称、住所；④合伙人的出资方式、数额和缴付期限；⑤利润分配、亏损分担方式；⑥合伙事务的执行；⑦入伙与退伙；⑧争议解决方法；⑨合伙企业的解散与清算；⑩违约责任
	由于基金是以有限合伙形式设立的，还需载明：①普通合伙人和有限合伙人的姓名或者名称、住所；②执行事务合伙人应具备的条件和选择程序；③执行事务合伙人权限与违约处理办法；④执行事务合伙人的除名条件和更换程序；⑤有限合伙人入伙、退伙的条件、程序以及相关责任；⑥有限合伙人和普通合伙人相互转变程序。需要说明的是，以上事项在约定时需同时考虑相关自律规则的要求
必备内容	与股权投资业务相关，合伙协议需必备以下内容：①合伙期限（通常具体约定投资期、退出期等）；②管理方式和管理费；③费用和支出；④财务会计制度；⑤利润分配及亏损分担；⑥托管事项；⑦合伙人会议（合伙会议中需列明合伙人会议的召开条件、程序及表达方式等）；⑧投资事项；⑨税务承担事项。除了前述的必备条款外，考虑股权投资业务的特殊性，合伙协议可能会包括关键人条款、投资决策委员会条款等

（三）信托（契约）型基金合同

基金管理人通过契约形式募集设立股权投资基金的，基金合同的订立即表明了基金的成立。契约型基金合同的内容见图4-1。

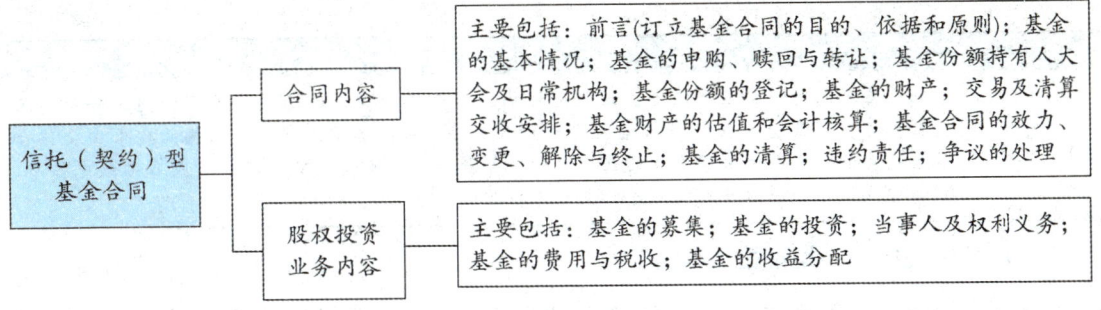

图 4-1 契约型基金合同的内容

> **注意**
> 与公司型基金和合伙型基金一样，信托（契约）型基金应按照自律规则的要求包含必备要件。

二、基金设立的条件及流程

（一）公司型基金的设立

公司型基金的设立见表 4-9。

表 4-9 公司型基金的设立

项目	具体内容
设立条件	根据《公司法》的相关规定，设立有限责任公司，应当具备下列条件：①股东符合法定人数；②有符合公司章程规定的全体股东认缴的出资额；③股东共同制定公司章程；④有公司名称，建立符合有限责任公司要求的组织机构；⑤有公司住所
	根据《公司法》的相关规定，设立股份有限公司，应当具备下列条件：①发起人符合法定人数；②有符合公司章程规定的全体发起人认购的股本总额或者募集的实收股本总额；③股份发行、筹办事项符合法律规定；④发起人制定公司章程，采用募集方式设立的经创立大会通过；⑤有公司名称，建立符合股份有限公司要求的组织机构；⑥有公司住所
设立步骤	**名称预先核准**：根据相关法律法规对企业名称的特别规定为企业准备名称，并根据所在地工商登记机构的流程要求进行名称预先核准
	申请设立登记：在名称核准通过后，需要依据《公司法》《公司登记管理条例》以及各地工商登记机构的要求提交一系列申请材料，进行设立登记事宜
	有限责任公司型基金由全体股东指定的代表或者共同委托的代理人向公司登记机关申请设立登记；股份有限公司型基金则是由董事会向公司登记管理机关申请设立登记
	领取营业执照：申请人提交的申请材料齐全，符合法定形式，登记机构能够当场登记的，应予当场登记，颁发营业执照。公司营业执照签发日期为公司成立日期。领取营业执照后，还应该刻制企业印章，申请纳税登记，开立银行基本账户等

（二）合伙型基金的设立

合伙型基金的设立见表 4-10。

表 4-10 合伙型基金的设立

项目	具体内容
设立条件	根据《合伙企业法》的相关规定，设立有限合伙企业，应当具备下列条件：①有限合伙企业由2个以上50个以下合伙人设立，但是法律法规另有规定的除外，有限合伙企业至少应当有一个普通合伙人；②有书面合伙协议；③有限合伙企业名称中应当标明"有限合伙"字样；④有合伙人认缴或者实际缴付的出资，有限合伙人可以用货币、实物、知识产权、土地使用权或者其他财产权利作价出资（但有限合伙人不得以劳务出资）；⑤有生产经营场所；⑥法律法规规定的其他条件

项目	具体内容
设立步骤	合伙型基金与公司型基金均由工商登记机构进行登记管理，因而设立步骤相同，合伙型基金应根据《合伙企业法》《合伙企业登记管理办法》以及各地工商登记机构的要求由全体合伙人指定的代表或者共同委托的代理人向企业登记机关申请设立登记，完成名称预先核准、申请设立登记、领取营业执照等相关设立步骤

（三）信托（契约）型基金的设立

根据相关法律法规的规定，信托（契约）型基金的设立不涉及工商登记的程序，通过订立基金合同明确投资者、管理人及托管人在私募基金管理业务过程中的权利、义务及职责，确保委托财产的安全，保护当事人各方的合法权益。

各类组织形式的股权投资基金在完成前述设立程序后，应由管理人在基金成立日起限定日期内到中国证券投资基金业协会办理相关备案手续，完成备案后方可进行投资运作。

★ 考点回顾｜单项选择题

关于公司型基金与合伙型基金的设立步骤，顺序正确的是（   ）。

A. 申请设立登记—名称预先核准—领取营业执照
B. 名称确定—申请登记—领取营业执照
C. 名称申请登记—核准相关资料—领取营业执照
D. 名称预先核准—申请设立登记—领取营业执照

【答案】D

【解析】公司型基金与合伙型基金均由工商登记机构进行登记管理，因而设立步骤相同，分别为：名称预先核准、申请设立登记、领取营业执照。

股权投资基金的投资

本章共包含四个小节。

第一节主要讲述了股权投资基金的投资流程及各个环节的具体内容。

第二节主要讲述了业务尽职调查、财务尽职调查、法律尽职调查的具体内容以及尽职调查的基本程序、尽职调查报告的内容组成。

第三节主要讲述了投资项目估值概述以及相对估值法、折现现金流法、创业投资估值法、成本法、清算价值法、经济增加值法等常用企业估值方法的基本内容。

第四节主要讲述了十三类投资协议主要条款以及各条款的具体内容。

知识结构

股权投资基金的投资

- **股权投资的一般流程**：8个步骤

- **投资调查与分析**
  - 业务尽职调查
  - 财务尽职调查
  - 法律尽职调查

- **投资项目估值**
  - 相对估值法
    - 市盈率倍数法：股权价值=净利润×市盈率倍数
    - 企业价值/息税前利润倍数法：企业价值=息税前利润×息税前利润倍数
    - 企业价值/息税折旧摊销前利润倍数法：企业价值=息税折旧摊销前利润×息税折旧摊销前利润倍数
    - 市净率倍数法：股权价值=净资产×市净率倍数
    - 市销率倍数法：股权价值=销售收入×市销率倍数
  - 折现现金流估值法
    - 红利折现模型
    - 股权自由现金流折现模型
    - 企业自由现金流折现模型
  - 创业投资估值法
  - 其他估值方法
    - 成本法
    - 清算价值法
    - 经济增加值法

- **投资协议主要条款（13类）**

第一节 股权投资的一般流程

扫码听课

股权投资的一般流程见表5-1。

表5-1 股权投资基金的一般流程

流程	具体内容
项目开发与筛选	项目来源的渠道主要有7种。①行业研究。跟踪和研究国内外新技术的发展趋势以及资本市场的动态，通过资料调研、项目库推荐、访问企业等方式寻找项目信息。②中介机构推荐。包括律师、会计师、证券公司、商业银行、财务顾问等。③天使投资人或者同行推荐。④企业家联盟及各级商会组织推荐。⑤行业专家推荐。⑥政府机构推荐。如中国各地方政府金融办、上市办、各级高新技术开发区管委会等。⑦行业展会、创业计划大赛、创投论坛等
初步尽职调查	核心是对拟投资项目进行价值判断，并非详尽调查或投资风险评估。对目标公司进行初步价值判断的依据：①管理团队；②行业进入壁垒、行业集中度、市场占有率和主要竞争对手；③商业模式、发展及盈利预期、政策与监管环境等
	初步尽职调查前，双方应签订保密协议
项目立项	项目初步尽职调查通常由投资经理或投资管理小组完成，通过项目立项，在进一步投入更多资源对目标公司进行更加详尽和深入的投资评估之前，引入更高层级的投资管理团队成员或直接提交投资决策成员对项目质量进行判断，有利于节约基金管理成本，也有利于将基金管理人有限的资源集中到更有潜力的项目上
	一般来说，通过项目立项程序的项目将进入正式尽职调查阶段
签订投资框架协议	开始正式尽职调查前，通常与项目企业签订投资框架协议（也称投资条款清单）通常由投资方提出，内容一般包括：投资达成的条件（无法律约束力）、投资方建议的主要投资条款（无法律约束力）、保密条款（具有法律约束力）和排他性条款（具有法律约束力）
尽职调查	是投资管理人核心竞争力的体现，主要内容包括业务、财务与法律三部分
	某些情况下，投资方会聘请外部机构协助完成尽职调查
投资决策	股权投资基金管理人通常设立投资决策委员会行使投资决策权。投资决策委员会通常由股权投资基金管理人的高级管理团队成员担任，有时候也会聘请外部专家担任
	投资决策委员会委员聘任和议事规则通常由投资管理人董事会或执行事务合伙人负责制定。某些情况下，股权投资基金委托管理协议会对投资决策委员会的职能、委员组成与变更、议事规则等事项进行约定
	尽职调查完成后，投资经理或项目小组向投资决策委员会递交尽职调查报告、投资建议书和其他文件材料，由投资决策委员会进行最终投资决策
签订投资协议	投资决策委员会审查通过的投资项目，由投融资双方签署投资协议，对股权投资的具体方案进行确认，对目标公司的控制权分配和利益分配等事项进行约定
	投资方式：创业投资基金主要以增资方式投资于目标公司；并购基金主要以购买存量股权的方式投资于目标公司
投资交割	基金管理人按照投资协议约定的金额和时间，把投资款项划转至被投资企业或其股东账户，如果股权投资基金办理了托管，划款操作需经托管人核准并办理。被投资企业需要依据投资协议以及相关法律法规进行股权的工商变更登记，并按投资协议变更公司章程

考点回顾 单项选择题

尽职调查认为符合投资要求的企业与项目，（　　）应编写完整的投资建议书。
A. 基金管理人
B. 项目投资经理
C. 基金托管人
D. 投资者

【答案】B

【解析】尽职调查完成后，投资经理或项目小组向投资决策委员会递交尽职调查报告、投资建议书和其他文件材料，由投资决策委员会进行最终投资决策。

第二节　投资调查与分析

一、尽职调查的概述

尽职调查的具体内容见表5-2。

表 5-2　尽职调查

项目		具体内容
概念		尽职调查又称审慎性调查，一般是指投资人在与目标企业达成初步合作意向后，经协商一致，对目标企业的一切与本次投资相关的事项进行资料分析、现场调查的一系列活动
目的与作用	价值发现	股权投资管理机构通过尽职调查获得的信息，对目标公司市场、产品与服务、商业模式、管理团队等方面进行评估，结合股权投资基金的投资偏好，判断目标公司是否值得投资
		创业投资基金侧重于评价目标公司的未来发展潜力；并购基金侧重于评价目标公司通过重整可能得到的价值提升空间
	风险发现	基金管理人需要收集充分的信息，全面识别投资风险、评估风险大小并提出风险应对的方案
		考察的内容包括：企业经营风险、股权瑕疵、或然债务、法律诉讼、环保问题以及监管问题
		最终在交易文件中可以通过陈述和保证、违约条款、交割前义务、交割后承诺等进行风险和责任的分担
	投资协议谈判策略	投资协议通常包括估值及估值调整、回售权、反摊薄、保护性等条款，谈判过程中，有些条款一定要坚持，有些商业条款可以适当让步，谈判策略需要根据尽职调查所获得的信息来做出决定
	投资决策辅助 投资后管理的重点	投资完成后，对目标公司的监控和增值服务，是投资后管理的主要内容
	评估项目退出的方式和可行性	尽职调查需要为项目退出方式的评估提供依据

二、业务尽职调查、财务尽职调查和法律尽职调查

（一）业务尽职调查

业务尽职调查是整个尽职调查工作的核心，目的是了解过去及现在企业创造价值的机制，以及这种机制未来的变化趋势。

业务尽职调查的主要内容见图5-1。

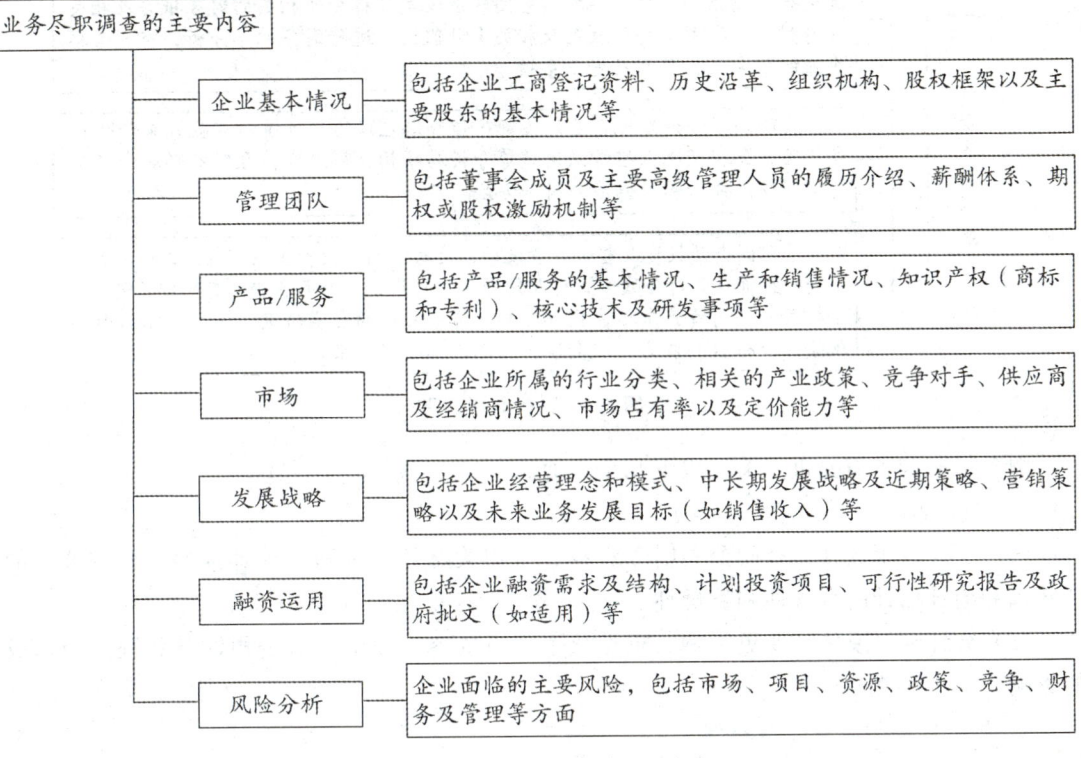

图5-1 业务尽职调查的主要内容

对于处于相对较早发展阶段的创业企业,业务尽职调查的重点是管理团队和产品服务部分;对于处于扩张期的企业,业务尽职调查的重点是产品服务、发展战略级市场因素;对于成熟阶段的企业,业务尽职调查的重点是管理团队、资产质量、融资结构、融资运用、发展战略以及风险分析。

★考点回顾 单项选择题

以下（　　）不属于业务尽职调查的主要内容。

A. 企业基本情况、管理团队

B. 产品/服务、市场

C. 发展战略、融资运用

D. 目标企业的财务健康程度

【答案】D

【解析】业务尽职调查的主要内容包括企业基本情况、管理团队、产品/服务、市场、发展战略、融资运用、风险分析等。

（二）财务尽职调查

财务尽职调查的主要内容见图5-2。

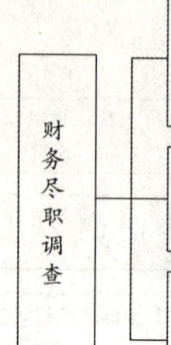

图 5-2 财务尽职调查

财务尽职调查需要重点关注以下几个方面。

1. 会计政策与会计估计

（1）会计政策选择。查阅公司财务资料，与相关财务人员和会计师沟通，核查公司的会计政策和会计估计的合规性和稳健性。

（2）会计政策或估计变更影响。重点核查变更内容、理由及对公司财务状况、经营成果的影响。

2. 财务报告及相关财务资料

财务报告核查及总体评价，包括对近年的资产负债表、利润表及现金流量表及相关财务资料的内容进行审慎核查。

（1）资产负债表，重点核查公司货币资金、应收款项、坏账计提、存货周转、对外投资、固定资产、无形资产、投资性房地产等资产项目的真实性，关注重要资产抵押情况、无形资产估值的合理性，核查是否对外担保等或有债务。

（2）利润表，重点核查收入确认、销售成本、期间费用核算的规范性，关注销售毛利率的波动性及非经常性损益对利润的影响。

（3）现金流量表，重点核查经营活动产生的现金流量及其变动情况，判断公司资产流动性、盈利能力及偿债能力。如果公司经营活动产生的现金流量净额持续为负或远低于同期净利润，应进行专项核查，并判断其真实盈利能力和持续经营能力。

（4）对于纳入合并报表范围的重要控股子公司的财务状况，应同样履行充分的审慎核查程序；对于公司披露的参股子公司，应获取最近一年的财务报告及审计报告。

（5）如公司最近收购兼并其他企业资产或股权，且被收购企业资产总额或营业收入或净利润超过收购前公司相应项目一定比例的，应获得被收购企业收购前一年的财务报表，核查其财务情况。

3. 财务比率分析

（1）盈利能力分析。计算公司各年度毛利率、资产收益率、净资产收益率等，分析公司各年度盈利能力及其变动情况，分析和判断公司盈利能力的持续性。

（2）偿债能力分析。计算公司各年度资产负债率、流动比率、速动比率、利息保障倍数等，结合公司的现金流量状况、在银行的资信状况、可利用的融资渠道及授信额度、表内负债、表外融资及或有负债等情况，分析公司各年度偿债能力及其变动情况，判断公司的偿债能力和偿债风险。

（3）运营能力分析。计算公司各年度资产周转率、存货周转率和应收账款周转率等，结合市场发展、行业竞争、公司生产模式及物流管理、销售模式及赊销政策等情况，分析公司各年度营运能力及其变动情况，判断公司经营风险和持续经营能力。

（4）综合评价。通过上述比率分析，与同行业可比公司的财务指标比较，综合分析公司的财务风险和经营风险，判断公司财务状况是否良好，是否存在持续经营问题。

4. 纳税分析

（1）查阅公司的纳税资料。调查公司及其控股子公司所执行的税种、税基、税率是否符合现行法律法规的要求及报告期内是否依法纳税。

（2）取得公司税收优惠或财政补贴资料。核查公司享有的税收优惠或财政补贴是否符合税收管理部门和财政管理部门的有关规定，调查税收优惠或财政补贴的来源、归属、用途及会计处理等情况，关注税收优惠期或补贴期及其未来影响。

（3）分析公司对税收政策的依赖程度和对未来经营业绩、财务状况的影响。

★ 考点回顾｜单项选择题

财务尽职调查的主要内容包括（　　）。

Ⅰ．会计政策与会计估计　　　　　　Ⅱ．财务报告及相关财务资料
Ⅲ．财务比率分析　　　　　　　　　Ⅳ．纳税分析
A．Ⅰ、Ⅱ　　　　　　　　　　　　B．Ⅰ、Ⅱ、Ⅲ
C．Ⅰ、Ⅱ、Ⅳ　　　　　　　　　　D．Ⅰ、Ⅱ、Ⅲ、Ⅳ

【答案】D

【解析】财务尽职调查的主要内容包括：会计政策与会计估计、财务报告及相关财务资料、财务比率分析、纳税分析。

（三）法律尽职调查

法律尽职调查的具体内容见表5-3。

表5-3　法律尽职调查

项目	具体内容
作用	帮助股权投资基金全面评估企业资产和业务的合法性以及潜在的法律风险
功能	更多的是定位于风险发现，而非价值发现
内容	确认目标企业的合法成立和有效存续
	从合规角度核查目标企业所提供文件资料的真实性、准确性和完整性
	充分了解目标企业的组织结构、资产和业务的产权状况和法律状态，确认企业产权、业务资质以及其控股结构的合法合规
	发现和分析目标企业现存的法律问题和风险并提出解决方案
	出具法律意见并将之作为准备交易文件的重要依据
关注重点问题	历史沿革问题	法律尽职调查中，需要注意目标公司的设立、注册资本、经营范围及股权变更等事项是否符合法律规定。尽职调查过程中常见的问题是：①目标公司或现有股东与之前的股东在股权买卖上存有争议，股权转让金尚未支付完毕，或有未尽的法律义务；②目标公司没有足额出资、抽逃出资或缺少验资报告等。这些可能在未来股权转让或首次公开募集时有影响的问题，需提前解决

续表

项目		具体内容
关注重点问题	主要股东情况	应该关注的问题包括：①主要股东与目标公司之间的关联交易、资金往来及相互担保是否合法；②主要股东是否存在股权被质押或被查封。如果主要股东事实上已经丧失了处置企业股权的能力，相应的股权转让交易便存在极大的风险
	高级管理人员	应该关注的重点包括：①高级管理人员是否与企业签订了应有的劳动合同，是否存在劳动仲裁或者纠纷；②律师应关注目标公司与主要高管的劳动合同中是否包括竞业禁止条款以及对应的补偿条款
	重大合同	法律尽职调查过程中，应注意的问题包括：①重点核查重大合同的金额、支付方式和主要条款，尤其要关注合同履行过程中可能存在的不确定性；②律师应注意重大合同是否包含可能限制目标交易的条款
	诉讼及仲裁	应重点关注的问题包括：①对未决诉讼和仲裁，要详细核查起因、当事各方、主要过程及争议点；②对已决诉讼和仲裁，律师应关注裁决的履行情况
	税收及政府优惠政策	应重点核查的问题包括：①目标公司是否存在欠税和潜在税务处罚问题；②相关优惠待遇的合规性和可持续性，并评估其对投资交易的影响

★ 考点回顾｜单项选择题

尽职调查包括（　　）。

Ⅰ．财务尽职调查　　　　　　　　Ⅱ．法律尽职调查
Ⅲ．业务尽职调查　　　　　　　　Ⅳ．经营尽职调查

A．Ⅰ、Ⅱ、Ⅲ、Ⅳ　　　　　　　　B．Ⅱ、Ⅳ
C．Ⅰ、Ⅲ、Ⅳ　　　　　　　　　　D．Ⅰ、Ⅱ、Ⅲ

【答案】D

【解析】尽职调查主要可以分为业务、财务、法律三大部分。

三、尽职调查的方法

尽职调查是一项比较复杂和专业的工作，其基本程序和工作方法见表5-4。

表5-4　尽职调查的基本程序和工作方法

程序方法	具体内容
计划制订与团队组建	完整的尽职调查计划通常包括：尽职调查对象、尽职调查内容和方法、尽职调查项目组人员组成、尽职调查的日程安排、尽职调查的配套安排等
	股权投资基金应准备一份尽职调查清单。尽职调查清单的作用：①从股权投资基金角度讲，划定尽职调查范围和重点，使得尽职调查和编写调查报告工作有序进行；②从目标公司角度讲，明确了股权投资机构需要了解的内容及提供相关文件，给目标公司准备与协调的时间，大大提高进场后的工作效率
	尽职调查小组的成员包括：投资管理人员、律师、会计师等。开始尽职调查前，小组成员应该事先与投资方进行充分沟通，决定尽职调查的内容和方法
	尽职调查工作开始前，应由股权投资基金及其聘请的专家顾问与目标公司签署《保密协议》，约定保密条款，除依法律或监管机构要求的信息披露外，投融资双方在股权投资交易中知悉的对方商业秘密承担保密义务，未经对方书面同意，不得向第三方泄露

续表

程序方法	具体内容	
二手资料收集与研读	二手资料，又称次级资料，是指股权投资基金按照尽职调查的目的收集、整理的各种现成的资料，如行业年鉴、财经数据库、企业商业计划书、财务报表在内的各种报表等	
	二手资料调查的功能主要是有助于尽职调查项目的总体设计，为尽职调查提供重要的依据。它与实地调查法、观察法等收集原始资料的方法是相互依存、相互补充的	
	二手资料收集的步骤是：辨别所需的信息、寻找信息源、收集二手资料、资料筛选、资料整理	
	二手资料收集的途径主要有：通过查看企业的内部资料获取（企业的工商登记、财务报告、董事会会议记录、业务文件及重大法律合同等）；通过网络获取（收集企业竞争对手和上下游企业信息，尤其是上市公司的信息披露对评估企业和行业的真实状况有很大帮助）；通过行业协会和商会获取；通过研究机构和调查机构获取；通过综合性或专业性图书馆获取；通过各类会议获取；通过新闻媒体获取	
	二手资料调查的方法有：查找、索讨、购买、接收、交换	
	二手资料的收集与获取仅是尽职调查的开始，更重要的是要对所收集到的资料作适当的处理和研判，使之成为辅助制定投资策略的重要依据	
企业现场调研（获得第一手资料）	目标公司内部访谈与外部访谈	股权投资基金与目标公司管理层、员工的内部访谈可以达到的目的：①与管理层会谈可以全面了解目标公司的信息，尤其是某些比较关键、敏感的信息；②与管理层进行沟通可以间接考察管理层的素质；③与管理层进行沟通还可以增进了解、增强信任；④与各层级、各职员工的访谈，可以获取企业各个环节的信息，有助于股权投资机构全面了解目标企业，并对信息的真实性进行考证
		对于高管、关键岗位人员要开展一对一访谈沟通，对于普通员工可以按照工作岗位展开小组座谈、随机访谈等非正式沟通，了解并验证相关业务、财务及法律问题
		与目标公司外聘的法律顾问和审计师的沟通会提供很多有用信息，尽职调查团队也应访问竞争对手及上下游企业负责人并获取他们对目标公司的评价
	实地考察企业经营现场	实地考察的目的主要为将书面信息与现场调研信息进行相互印证，从而对企业生产经营情况有一定的感性认识
		实地考察的内容包括：对企业相关的场所进行现场调查，包括但不限于厂房、设备、土地、产品和存货等。根据目标公司行业不同与经营性质的差异，还应对目标公司的办公、仓储、物流、财务、人力资源等部门进行针对性的走访调研
		需要调查了解的目标公司现场信息包括：企业生产线是否运转正常；企业管理状况是否良好；企业客户数量是否稳定；客户对企业的产品与服务是否满意等
撰写尽职调查报告	撰写尽职调查报告是在对目标公司全面调查之后，对调查收集的资料的客观全面的概括、判断与评价	
进行内部复核	内部复核是指股权投资机构内部的复核机构或者复核人员，对尽职调查报告等材料进行审核，并提出复核意见的行为。内部复核在尽职调查工作中，起着防范风险，提高尽职调查质量的作用，属于股权投资机构内部的自我监督机制	
	股权投资机构进行项目尽职调查质量控制的内部复核，通常采取两个层次的复核。①项目的内部复核。项目尽职调查报告总结（结论）须经项目组讨论通过，如存在不同意见，也应向决策者汇报。②项目主管领导的复核。这是项目组内最高级别的复核，在出具正式尽职调查报告前，对尽职调查项目组做出的重大判断和在准备报告时形成的结论做出客观评价和把关	

四、尽职调查报告的基本内容

尽职调查团队依据尽职调查的情况出具尽职调查报告，整理、总结、归纳、分析获取的信息，形成对目标公司的初步评价，对交易框架提出建议，是投资决策的重要参考和依据。

尽职调查报告主要分为前言、正文和附件三个部分。其具体内容见表5-5。

表5-5 尽职调查报告的组成

组成部分	具体内容
前言	前言部分主要阐述尽职调查的目标、方法、依据、程序和范围
	阐述尽职调查针对公司业务、财务和法律进行了调研、核查和分析，对公司价值进行了系统和深度的挖掘，并已全部、完整披露在尽职调查报告中；对全文主要概念进行阐述
正文	正文是尽职调查报告呈现内容的主体，是对被调查公司相关信息的全面、客观陈述
	尽职调查的内容模块主要有：业务尽职调查、财务尽职调查、法律尽职调查，各个模块的核心内容均应该体现在尽职调查报告中，其他对投资决策判断具有支撑作用的尽职调查内容也应在报告中予以呈现
	正文末尾通常包括结论和建议部分，报告尽职调查小组对目标公司的初步判断与评价以及对投资框架、目标公司估值、投资风险识别及管理、投资协议要点以及投资后管理重点等问题的建议
附件	主要内容包括：①尽职调查过程中的重要证据；②第三方中介机构的报告，包括审计报告、法律意见书、行业分析报告等

第三节　投资项目估值

一、估值概述

估值是投资最重要的环节之一，也是投资协议的重要内容，投资前需要明确评估目标资产的公允价值。

不管采用何种估值方法，估值都应根据评估日的市场情况从市场参与者的角度出发。估值时，应采取谨慎态度。

（一）价值与价格

价值是事物的内在属性，是从长期来看合理的、内在的价值。价格是某次交易当中被交易双方认可的价值的外在表现形式。

在项目估值环节，估值主体通过一定的方法与技术，评估目标公司的价值。

> **注意**
> 在股权投资交易中，交易价格由投融资交易双方通过谈判确定，估值结果可以作为价格谈判的基础，为确定谈判策略提供支持。

（二）企业价值和股权价值

企业价值是指公司所有出资人，包括股东和债权人，共同拥有的公司运营所产生的价值，包括企业的股东所拥有的股权价值，以及企业的债权人所拥有的债权价值。

作为股权投资者，股权投资基金关心的是股权价值，最后的交易价格以股权价值为基础来确定。有些方法直接用的是企业价值，而非股权价值。这时，需要运用价值等式，在企业价值和股权价值之间进行转换。

价值等式的具体内容见表 5-6。

表 5-6 价值等式

类别	具体内容
简单价值等式	简单价值等式为： 企业价值＋现金＝股权价值＋债务
	债务与现金的差额定义为净债务，则价值等式又可以表示为： 企业价值＝股权价值＋净债务
	需要注意的是，等式中的各项值都是市场价值；"债务"包括要支付利息的负债（如银行贷款），不包括不用支付利息的负债（如应付账款）；"现金"是指不用投入到公司运营中的多余现金，等于货币资金总额扣除日常经营所需现金后剩下的余额（一般情况下，用所有账上的货币资金代替）
一般价值等式	企业价值是指公司拥有的核心资产运营所产生的价值。核心资产对应的是主营业务，主营业务的价值即体现为企业价值。非核心资产对应的是非主营业务，比如公司的交易性金融资产或者投资性房地产，其价值不应包含在企业价值当中
	关于股权价值，当母公司拥有子公司的投票权超过50%且不足100%时，此时子公司中不属于母公司的权益部分在母公司的合并资产负债表中列为少数股东权益，因此股权价值为少数股东权益加上归属于母公司股东的股权价值。从股权投资基金的角度看，由于股权投资基金的投资标的是母公司股权，因此，股权投资基金关注的股权价值是指归属于母公司股东的股权价值。
	一般价值等式为： 企业价值＋非核心资产价值＋现金＝债务＋少数股东权益＋归属于母公司股东的股权价值

（三）企业估值特点

1. 整体不是各部分的简单相加

企业作为整体是各部分有机的结合。这种有机的结合，使企业总体具有各部分所没有的整体性功能，所以整体价值不同于各部分价值的简单相加。企业的整体性功能，表现为它可以通过特定的生产经营活动为股东增加财富。

2. 整体价值来源于要素的结合方式

企业的整体价值来源于各部分之间的联系。只有整体内各部分之间建立起有机联系时，才能使企业成为一个有机整体。因此，企业资源的重组即改变各要素之间的结合方式，可以改变企业的功能和效率。

3. 部分只有在整体中才能体现出其价值

企业是整体和部分的统一。部分依赖整体，整体支配部分。部分只有在整体中才能体现出它的价值。

4. 整体价值只有在运行中才能体现出来

企业是一个运行着的有机体，并维持它的整体功能。对企业进行估值，因企业所处阶段不同、行业不同、经营环境不同而不尽相同。

（四）常用企业估值方法

估值方法通常包括相对估值法、折现现金流估值法、创业投资估值法、成本法、清算价值法、经济增加值法等。股权投资行业主要用到的估值方法为相对估值法、折现现金流估值法和创业投资估值法。

（1）相对估值法使用可比价值对目标公司进行价值评估，在创业投资基金、并购基金中使用较多。

（2）折现现金流估值法主要适用于目标企业现金流稳定，未来可预测性较高的情形。

（3）创业投资估值法主要用于创业早期企业的估值。

（4）成本法主要作为一种辅助方法存在，主要原因是企业历史成本与未来价值并无必然联系。

（5）清算价值法常见于杠杆收购和破产投资策略。

（6）经济增加值法主要应用于一些特殊的行业。

常用企业估值方法见图5-3。

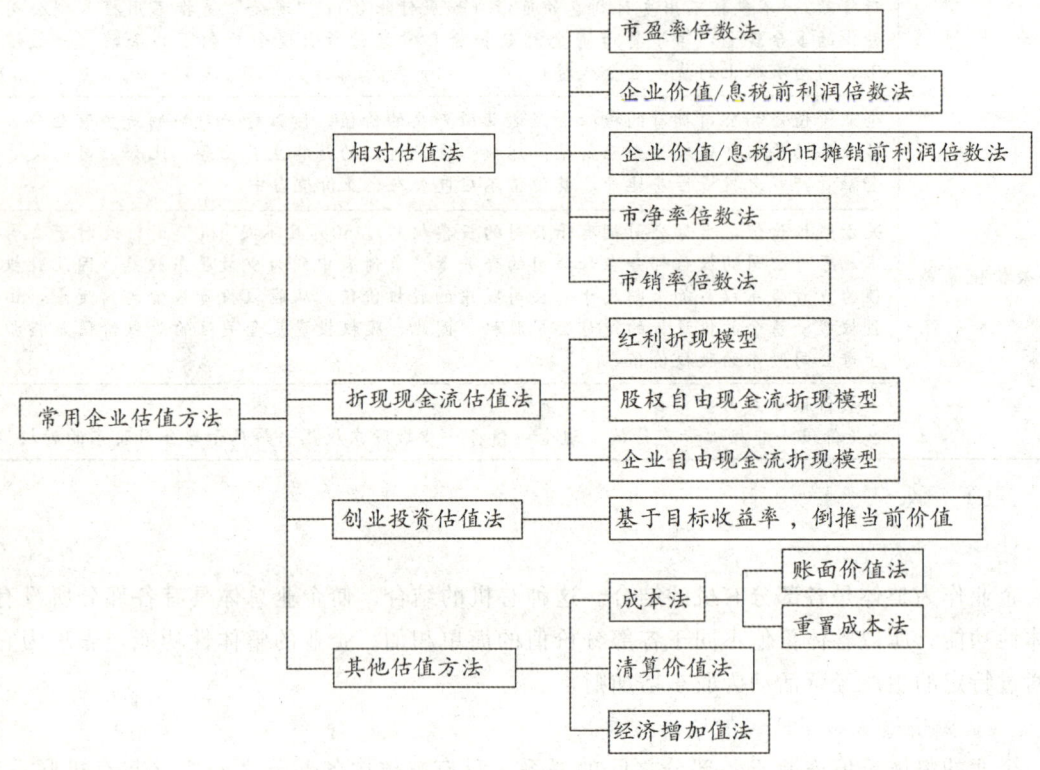

图 5-3　常用企业估值方法

考点回顾 | 单项选择题

股权投资基金不管采用何种估值方法，估值都应根据评估日的市场情况从（　　）的角度出发。

A. 市场参与者　　　　　　　　B. 基金管理人
C. 基金托管人　　　　　　　　D. 基金销售服务机构

【答案】A

二、相对估值法

（一）相对估值法概述

相对估值法概述见表5-7。

表 5-7 相对估值法概述

概述		基本内容
基本原理		以可比公司的价格为基础,评估目标公司的相应价值。评估所得价值,可以是股权价值,也可以是企业价值 计算公式为: 目标公司价值＝目标公司某种指标×(可比公司价值/可比公司某种指标) "可比公司价值/可比公司某种指标"称为倍数。常用的倍数包括:市盈率倍数、企业价值/息税前利润倍数、企业价值/息税折旧摊销前利润倍数、市净率倍数、市销率倍数等
估值步骤	选取可比公司	可比公司是指与目标公司所处的行业、公司的主营业务或主导产品、公司规模、盈利能力、资本结构、市场环境以及风险度等方面相同或相近的公司 可比公司分为两类:最可比公司类(主要考虑)和次可比公司类
	计算可比公司的估值倍数	根据目标公司的特点,股权投资基金选择合适的估值指标,并计算可比公司的估值倍数
	计算适用于目标公司的可比倍数	通常选取若干可比公司,用其可比倍数的平均值或者中位数作为目标公司的倍数参考值。在计算可比公司倍数的平均值或中位数时,还需要注意剔除其中的异常值,包括负值、非正常大值和非正常小值
	计算目标公司的企业价值或者股权价值	用可比倍数乘以目标公司对应的价值指标,计算目标公司的股权价值或企业价值
优缺点	优点	①运用简单,易于理解;②主观因素相对较少;③可以及时反映市场看法的变化
	缺点	①受可比公司企业价值偏差影响;②分析结果的可靠性受可比公司质量的影响,有时很难找到合适的可比公司

注意

可以根据目标公司与可比公司的特点进行比较分析,对选取的平均值或中位数进行相应调整。

(二)市盈率倍数法

市盈率(P/E)倍数反映了一家公司的股权价值相对其净利润的倍数。
计算公式为:

$$市盈率倍数＝股权价值/净利润$$

或

$$市盈率倍数＝每股价值/每股收益$$

在使用市盈率倍数法估值时,先确定可比公司的市盈率作为目标公司估值的市盈率倍数,然后使用以下公式计算目标公司股权价值或每股价值:

$$股权价值＝净利润×市盈率倍数$$

或

$$每股价值＝每股收益×市盈率倍数$$

使用市盈率倍数法估值时,需要关注盈利数据所属期间。对盈利数据,通常会面临三种选择:

(1) 最近 1 个完整会计年度的历史数据。
(2) 最近 12 个月的数据。
(3) 预测年度的盈利数据。

使用历史数据的好处在于盈利数据和股价都是已知的,很客观。若使用历史数据计算市盈率，应尽可能使用最新公开的信息，通常会使用最近12个月的数据。

股权投资基金投资实践中，较多采用预测的盈利数据进行估值。

> **注意**
> 企业的净利润和市盈率容易受经济周期的影响，两种因素叠加会导致周期型企业的估值在一个经济周期内呈现较大的波动。对股权投资基金而言，往往会以平均市盈率为参考指标，而不只是特定时刻的可比市盈率。

★ **考点回顾** 单项选择题

某企业本年度净资产为1 000万元，销售收入为800万元，销售成本为400万元，预计未来一年利润为500万元，估计市盈率倍数为3，则该公司股权价值为（　　）万元。

A. 1 200　　　　　　　　　　　B. 1 500
C. 2 400　　　　　　　　　　　D. 3 000

【答案】B

【解析】股权价值＝净利润×市盈率倍数，公司股权价值＝500×3＝1 500（万元）。

（三）企业价值/息税前利润倍数法

息税前利润（EBIT）是在扣除债权人利息之前的利润，所有出资人（股东和债权人）对息税前利润都享有分配权，因此，息税前利润对应的价值是企业价值（EV）。

计算公式为：

$$息税前利润（EBIT）＝净利润＋所得税＋利息$$

企业价值/息税前利润倍数法的企业价值计算公式为：

$$EV = EBIT × （EV/EBIT 倍数）$$

股权投资基金计算目标公司的股权价值，则可以通过价值公式由企业价值得出股权价值。

企业价值/息税前利润倍数法剔除了资本结构的影响。

> **拓展链接**
> 市盈率倍数法是以利润指标作为估值基础的，而净利润归属于股东，无法反映债权人的求偿权，当目标公司与可比公司的资本结构存在较大差异时可能导致错误的结果。而息税前利润是向所有股东和债权人分配前的利润，因此不受股权和债务的比例（即资本结构）的影响。

（四）企业价值/息税折旧摊销前利润倍数法

息税折旧摊销前利润（EBITDA）是指扣除利息费用、税、折旧和摊销之前的利润。

计算公式为：

$$息税折旧摊销前利润（EBITDA）＝息税前利润（EBIT）＋折旧＋摊销$$

企业价值/息税折旧摊销前利润倍数法的企业价值计算公式为：

$$EV = EBITDA × （EV/EBITDA 倍数）$$

企业价值/息税折旧摊销前利润倍数法不但考虑了资本结构的影响，还考虑了折旧摊销。息税折旧摊销前利润不受摊销政策及摊销折旧水平的影响，对于折旧摊销影响比较大的企业（如重资产企业），比较适合用企业价值/息税折旧摊销前利润倍数法。

(五)市净率倍数法

市净率（P/B）倍数反映了一家公司的股权价值相对其净资产的倍数。
计算公式为：

$$市净率倍数 = 股权价值 / 净资产$$

或

$$市净率倍数 = 每股价值 / 每股净资产$$

市净率倍数法估值与市盈率倍数法类似，先确定可比公司的市净率作为目标公司估值的市净率倍数，然后使用以下公式计算目标公司股权价值或每股价值：

$$股权价值 = 净资产 \times 市净率倍数$$

或

$$每股价值 = 每股净资产 \times 市净率倍数$$

市净率倍数法比较适用于资产流动性较高的金融机构，因为这类企业的净资产账面价值更加接近市场价值。

银行业的估值通常会用市净率倍数法。

(六)市销率倍数法

市销率（P/S）倍数反映了一家公司的股权价值相对其销售收入的倍数。
计算公式为：

$$市销率倍数 = 股权价值 / 销售收入$$

或

$$市销率倍数 = 每股价值 / 每股销售收入$$

在使用市销率倍数法估值时，先确定可比公司的市销率作为目标公司估值的市销率倍数，然后使用以下公式计算目标公司股权价值或每股价值：

$$股权价值 = 销售收入 \times 市销率倍数$$

或

$$每股价值 = 每股销售收入 \times 市销率倍数$$

股权投资基金投资的创业企业，可能净利润为负数，经营性现金流也为负数，且账面价值比较低。利用市销率倍数法估值比较实用。

> **拓展链接**
>
> 市销率倍数法的一个局限是不能反映成本的影响，因此，主要适用于销售成本率较稳定的收入驱动型企业，如公共交通、商业服务、互联网（尤其电子商务）、制药及通信设备制造公司。

★ 考点回顾｜单项选择题

股权投资基金常用的估值方法中，相对估值法可分为（　　）。

Ⅰ. 市盈率法　　　　　　　　　　Ⅱ. 市净率法
Ⅲ. 市现率法　　　　　　　　　　Ⅳ. 市销率法

A. Ⅰ、Ⅱ、Ⅲ、Ⅳ　　　　　　　B. Ⅰ、Ⅱ、Ⅲ
C. Ⅰ、Ⅱ、Ⅳ　　　　　　　　　D. Ⅲ、Ⅳ

【答案】A

【解析】相对估值法是指将企业的主要财务指标乘以根据行业或参照企业计算的估值乘数，从而获得对企业股权价值的估值参考结果，包括市盈率、市现率、市净率和市销率等多种方法。

三、折现现金流估值法

（一）折现现金流估值法概述

折现现金流估值法概述见表5-8。

表5-8 折现现金流估值法概述

概述		具体内容
基本原理		将估值时点之后目标公司的未来现金流以合适的折现率进行折现，加总得到相应的价值。评估所得的价值，可以是股权价值，也可以是企业价值
		计算公式为： $$V=\sum_{t=1}^{\infty}\frac{CF_t}{(1+r)^t}$$ 其中：V 为价值，t 为时期，CF_t 为第 t 期的现金流，r 为未来所有时期的平均折现率
		由于目标公司是永续的，不可能预测未来每期的现金流，所以，在实际估值中，都会设定一个详细预测期，得出每期现金流。对于在预测期之后目标公司的价值，也就是终值（TV），可以采用终值倍数法或戈登永续增长模型进行估算
		计算公式为： $$V=\sum_{t=1}^{n}\frac{CF_t}{(1+r)^t}+\frac{TV}{(1+r)^n}$$ 其中：V 为价值，t 为时期，CF_t 为第 t 期的现金流，r 为未来所有时期的平均折现率，n 为详细预测期数，TV 为终值
估值步骤	选择适用的折现现金流估值法	在实际应用中，由于参数选取的主观性等原因，通常会得到不同结果。不同类型的公司也适用不同的折现现金流估值法
	确定详细预测期数（n）	①详细预测期的时间长短选取应以适中为原则；②对于周期性明显没有长期稳定经营状态的行业，详细预测期至少包含一个完整的商业周期
	计算详细预测期内的每期现金流（CF_t）	不同的折现现金流估值法使用的现金流不同。例如，红利折现模型是红利，股权自由现金流模型是股权自由现金流，企业自由现金流模型是企业自由现金流
	计算折现率（r）	折现率的选择取决于使用的现金流
	计算终值（TV）	终值的常用计算方法是终值倍数法和戈登永续增长模型
	对详细预测期现金流及终值进行折现并加总得到价值	公式为： $$V=\sum_{t=1}^{n}\frac{CF_t}{(1+r)^t}+\frac{TV}{(1+r)^n}$$ 如果上式得到的是企业价值而不是股权价值，需利用价值等式推出股权价值
优缺点	优点	①评估得到的是内含价值，受市场短期变化和非经济因素的影响较小；②需要深入分析目标公司的财务数据和经营模式，有助于发现目标公司价值的核心驱动因素，从而为企业未来发展战略和经营决策提供依据，有助于发现提升企业价值的方法
	缺点	①计算比较复杂；②需要较多主观假设，不同假设得出的结果差异较大

(二) 红利折现模型

股权投资基金投资于目标公司的股权,预期获得两种现金流:①持有股权期间的现金红利;②持有期末卖出股权时的价格。二者的现值之和即目前股权的价值。

红利折现模型的计算公式为:

$$V=\sum_{t=1}^{n}\frac{DPS_t}{(1+r)^t}+\frac{P_n}{(1+r)^n}$$

其中:V 为股权价值,DPS_t 为第 t 期的现金红利,n 为详细预测期数,r 为股权要求收益率,P_n 为持有期末卖出股权时的预期价格。

> **拓展链接**
>
> 红利折现模型要求目标公司的红利发放政策相对稳定。但是,很多企业的红利发放政策不稳定,有的企业甚至从不发放红利或者因为未盈利而无红利可发放。这种情况下,很难用红利折现模型进行估值。

(三) 股权自由现金流折现模型

股权自由现金流(FCFE)是可以自由分配给股权拥有者的最大化的现金流。

股权自由现金流的计算公式为:

股权自由现金流(FCFE)=净利润(E)+折旧+摊销-营运资金的增加+长期经营性负债的增加-长期经营性资产的增加-资本性支出+新增付息债务-债务本金的偿还

股权自由现金流折现模型的估值公式为:

$$V=\sum_{t=1}^{n}\frac{FCFE_t}{(1+r)^t}+\frac{TV}{(1+r)^n}$$

其中:V 为股权价值,$FCFE_t$ 为第 t 期的股权自由现金流,n 为详细预测期数,r 为股权要求收益率(和红利折现模型中的 r 相同),TV 为股权自由现金流的终值。

(四) 企业自由现金流折现模型

企业自由现金流(FCFF)是指公司在保持正常运营的情况下,可以向所有出资人(股东和债权人)进行自由分配的现金流。

企业自由现金流的计算公式为:

企业自由现金流(FCFF)=息税前利润(EBIT)-调整的所得税+折旧+摊销-营运资金的增加+长期经营性负债的增加-长期经营性资产的增加-资本性支出

调整的所得税有两种计算方法:①直接用息税前利润乘以当期所得税税率;②在利润表中当期所得税的基础上进行调整,加回财务费用的税盾,再扣除非经常损益对应的所得税。

企业自由现金流折现模型的估值公式为:

$$EV=\sum_{t=1}^{n}\frac{FCFF_t}{(1+WACC)^t}+\frac{TV}{(1+WACC)^n}$$

其中:EV 为企业价值,$FCFF_t$ 为第 t 期的企业自由现金流,n 为详细预测期数,$WACC$ 为加权平均资本成本,TV 为企业自由现金流的终值。

加权平均资本成本(WACC)是企业各种融资来源的资本成本的加权平均值,计算公式为:

$$WACC=\frac{D}{D+E}\times k_d\times(1-t)+\frac{E}{D+E}\times k_e$$

其中:D 为付息债务的市场价值,E 为股权的市场价值,k_d 为税前债务成本,k_e 为股权资本成本，t 为所得税税率。

企业自由现金流折现模型得到的是企业价值，可以通过价值等式推出股权价值。

考点回顾 | 单项选择题

折现现金流估值法中的模型包括（　　）。
A. 红利折现模型和自由现金流模型
B. 企业自由现金流模型和自由现金流模型
C. 企业自由现金流模型和股权资本折现现金流模型
D. 红利折现模型和股权资本折现现金流模型

【答案】A

【解析】折现现金流估值法的模型包括：红利折现模型和自由现金流模型。自由现金流模型分为股权自由现金流折现模型和企业自由现金流折现模型。

四、创业投资估值法

创业投资估值法的具体内容见表5-9。

表5-9　创业投资估值法

项目		具体内容
估值原理		通过评估目标公司退出时的股权价值，再基于目标回报倍数或收益率，倒推出目标公司的当前价值
估值步骤	估计目标公司在股权投资基金退出时的股权价值	一般使用相对估值法。股权投资基金预测投资退出的时点，然后估算该时点目标公司的股权价值
	计算当前股权价值	计算公式： 当前股权价值＝退出时的股权价值/目标回报倍数 ＝退出时的股权价值/（1＋目标收益率）^{n}
	估计股权投资基金在退出时的要求持股比例	计算公式为： 要求持股比例＝投资额/当前股权价值
	估计股权稀释情况，计算投资时的持股比例	①如果目标公司没有后续轮次的股权融资，投资时的持股比例就是算出的要求持股比例；②如果目标公司有后续轮次的股权投资，需估计股权稀释情况，倒推出投资时的持股比例

五、其他估值方法

（一）成本法

1. 账面价值法

公司总资产减去总负债后的净值即为公司的账面价值。但要评估目标公司的真正价值，还必须对资产负债表的各个项目做出必要的调整，在此基础上，得出双方都可以接受的公司价值。

2. 重置成本法

重置成本法是用待评估资产的完全重置成本（重置全价）减去其各种贬值后的差额作为该项资产价值的评估方法。完全重置成本是指在现时条件下重新购置一项全新状态的资产所需的全部成本。计算公式为：

待评估资产价值＝重置全价－综合贬值

或

待评估资产价值＝重置全价×综合成新率

综合贬值包括有形损耗（物质的）和无形损耗（技术的）等。

重置成本法的主观因素较大，且历史成本与未来价值并无必然联系，因此，重置成本法主要作为一种辅助方法。

拓展链接

> 重置成本法的主观因素较大。例如，对某项设备综合成新率的判定，可以根据设计使用年限与剩余使用年限的关系，或是根据剩余折旧年限与残值规定，或是根据其他因素进行主观判断。但有些设备（如轿车），即使是刚买的新车在二手市场上通常也只能以一定的折扣价进行销售，以新车价格计入总估值会带来较大的误差。

★ **考点回顾 | 单项选择题**

成本法主要作为一种辅助方法存在，主要原因是（　　）与未来价值并无必然联系。

A. 总收入　　　B. 营业利润　　　C. 企业历史成本　　　D. 净利润

【答案】C

【解析】成本法主要作为一种辅助方法存在，主要原因是企业历史成本与未来价值并无必然联系。

（二）清算价值法

清算大致分为破产清算和解散清算。

清算价值法的主要方法为：假设企业破产和公司解散时，将企业拆分为可出售的几个业务或资产包，并分别估算这些业务或资产包的变现价值，加总后作为企业估值的参考标准。采用清算价值法估值时，一般采用较低的折扣率。

清算价值法评估的步骤：

（1）进行市场调查，收集与被评估资产或类似资产清算拍卖相关的价格资料。

（2）分析、验证价格资料的科学性和可靠性。

（3）逐项对比分析评估与参照物的差异及其程度，包括实物差异、市场条件、时间差异和区域差异等。

（4）根据差异程度及其他影响因素，估算被评估资产的价值，最后得出评估结果。

（5）根据市场调查计算出结果，对清算价格进行评估。

对于股权投资基金而言，清算很难获得很好的投资回报，在企业正常可持续经营的情况下，不会采用清算价值法。

★ **考点回顾 | 单项选择题**

（　　）就是根据企业目前所有资产的变现价值来确定企业价值。

A. 现金流折现法　　　　　　　　B. 成本法

C. 清算价值法　　　　　　　　　D. 股利贴现模型

【答案】C

【解析】清算价值法的主要方法是，假设企业破产和公司解散时，将企业拆分为可出售的几个业务或资产包，并分别估算这些业务或资产包的变现价值，加总后作为企业估值的参考标准。

(三) 经济增加值法

经济增加值（EVA）是一种新型的公司业绩衡量指标，比较准确地反映了公司在一定时期内为股东创造的价值，即企业价值除了资产的账面价值之外，还有管理团队经营成果贡献的价值。

经济增加值法的基本理念是：资本获得的收益至少要能补偿投资者承担的风险，即股东必须赚取至少等于资本市场上类似风险投资回报的收益率，产生剩余收入或经济利润。

EVA的基本计算方法为：

$$EVA = 税后净营业利润 - 资本成本 = (R-C) \times A = R \times A - C \times A$$

其中：R是资本收益率，即投入资本报酬率，等于税前利润减去现金所得税再除以投入资本；C是加权资本成本，包括债务成本以及所有者权益成本；A为投入资本，等于资产（除去现金）减去负债（除去长期负债和短期负债以及递延税款）；$R \times A$为税后净营业利润。

★ 考点回顾 | 单项选择题

$EVA =$ 税后净营业利润 $-$ 资本成本 $= (R-C) \times A$，其中，R是（　　）。

A. 资本消耗率
B. 资本充足率
C. 资本收益率
D. 资本公积金

【答案】C

【解析】$EVA =$ 税后净营业利润 $-$ 资本成本 $= (R-C) \times A$。其中：R是资本收益率，即投入资本报酬率，等于税前利润减去现金所得税再除以投入资本；C是加权资本成本，包括债务成本以及所有者权益成本；A为投入资本，等于资产减去负债，其中，资产中除去现金，负债中除去长期负债和短期负债以及递延税款；$R \times A$为税后净营业利润。

第四节 投资协议主要条款

股权投资基金在完成初步尽职调查和项目立项后，启动正式尽职调查之前，一般会要求和目标公司签署一份投资框架协议。

在进行投资框架协议谈判时，投融资双方主要围绕目标公司投资价格、出售的股权数量、保密条款、锁定期条款、业绩要求和退出安排、费用承担条款等核心条款展开。

投资协议主要条款的具体内容见表5-10。

表5-10 投资协议主要条款

条款	具体内容
估值条款	估值条款是投资协议中最重要的条款之一，因为它直接影响着控制权和收益权，是投资者最为看重的两点。通常有"投资前估值"和"投资后估值"两种表述。"投资前估值"是目标公司接受投资前的估值；"投资后估值"是目标公司接受投资后的估值，等于投资前估值加上新的投资额
	估值条款通常同时会约定股权投资基金的投资方式
估值调整条款	股权投资基金对于目标企业的估值存在一定的不确定性，因此存在一定的风险
	为了应对估值风险，股权投资基金有时会在投资协议中约定估值调整条款

续表

条款	具体内容	
估值调整条款	在股权投资中比较常见的安排包括对赌安排,即在一定期限之后如果企业未能完成一定指标,投资者会获得一定补偿,以弥补其由于企业的实际价值降低所受的损失。估值调整机制在股权投资基金中也常常被称为"估值调整协议"或者"对赌条款"。估值调整机制分为"现金补偿类"和"股份补偿类"。其中,现金补偿通常通过行使回售权实现,股份补偿则可以通过股东间以较低的名义价格进行股份转让或调整优先股与普通股之间的转换系数来实现	
	估值调整条款既可以条款形式存在于投资协议中,也可以一个专门的协议即估值调整协议形式存在。估值调整机制的触发条件是目标公司的实际业绩未达到事先约定的业绩目标,或发生公司未在约定时间前实现IPO、原大股东失去控股地位、高管严重违反约定等特定事件	
反摊薄条款	又称反稀释条款,是一种用来保证股权投资基金权益的约定。本质上是一种价格保护机制	
	降价融资,即目标公司后续融资时,后轮投资者认购价格相较于前轮投资者认购价格更低的情形。降价融资通常是由于目标公司经营业绩变差,也能出现企业实际控制人以稀释投资方股权为目的所进行的降价融资	
	通过反摊薄条款进行保护的方式有:完全棘轮和加权平均,前者更大限度地保护投资者	
	完全棘轮条款	前轮投资者过去投入的资金所换取的股权全部按新的最低价格重新计算,增加的部分由创始股东无偿或以象征性的价格向前轮投资者转让。完全棘轮的特点在于不考虑下一轮新发行股权的数量,只是简单地对比后轮融资与前轮融资的价格差异。完全棘轮条款是最大限度地保护前轮投资者的条款。在使用认股权证或可转换优先股进行股权投资的情形下,棘轮条款通常会通过调整认股权证的购股数量或优先股的转换系数来保护前轮投资者利益。完全棘轮条款使公司经营不利的风险很大程度上完全由企业家来承担,对作为创始股东的企业家有重大的影响
	加权平均条款	加权平均条款将新增出资额的数量作为反稀释时重要的考虑因素,既考虑新增出资额的价格,也考虑融资额度。与完全棘轮条款相比,加权平均条款对目标公司和创始股东更为有利,也更容易被各方接受
		广义的加权平均条款计算公式为:$A = B \times (C+D) / (C+E)$ 其中:A为前轮投资者经过反稀释补偿调整后的每股新价格;B为前轮投资者在前轮融资时支付的每股价格;C为新发行前公司的总股数;D为如果没有降价融资,后轮投资者在后轮投入的全部投资价款原本能够购买的股权数量;E为当前发生降价融资,后轮投资者在后轮投入的全部投资价款实际购买的股权数量
董事会席位条款	是指在投资协议中股权投资基金与目标公司之间约定的董事会的席位构成与分配的条款	
	实质是对被投资企业的控制权分配进行约定。董事会席位条款约定董事会席位总数及分配规则	
保护性条款	是指股权投资基金为保护自身利益而设置的要求目标公司在执行某些可能损害投资者利益或对投资者利益有重大影响的行为时,需取得投资者同意的条款。保护性条款针对的通常是涉及投资者经济利益或者公司控制权的重大事项	
竞业禁止条款	是指在投资协议中,股权投资基金为了确保公司的良好发展和利益,要求目标公司通过保密协议或其他方式,确保其董事、其他高管不得兼职与本公司业务有竞争的职位,同时不得在离职后一段时期内加入与本公司有竞争关系的公司或业务	
	目的是保证目标公司的利益不受损害,从而保障投资人的利益。常见的竞业禁止形式包括:①法定竞业禁止,是当事人基于法律的直接规定而产生的竞业禁止义务;②约定竞业禁止,是当事人基于合同约定而产生的竞业禁止义务	
	创始人股东、高级管理人员以及其他关键人员在交割之前通常要签署形式及内容令投资者满意的竞业禁止协议	

续表

条款	具体内容
优先认购权条款	优先认购权是指目标企业发行新股或者可转换债券时，作为老股东的股权投资人可以按照比例优先于新进投资人进行认购的权利。优先认购权使股权投资基金可以在未来公司增加发行股份时，保护其股权比例不被稀释
保密条款	是指除依法律要求或相关监管机构的披露要求外，投资协议中规定投资方应对投资中了解的目标公司的商业秘密和其他信息承担保密义务，保证不将这些信息泄露给第三方
	对于股权投资基金而言，其在投资过程中知悉的目标公司的非公开的技术、产品、市场、客户、商业计划、财务计划等通常也属于商业秘密；对于目标公司而言，其在融资过程中所知悉的股权投资基金的非公开的尽职调查方法与流程、投资估值意见、投资框架协议及投资协议条款等的信息通常均属于商业秘密。所以保密条款也针对目标公司施加保密的义务，因此，保密条款有利于保护双方的利益，应列明保密信息的具体内容、保密期限及违约责任
排他性条款	排他性条款一般会约定一个为期几个月的排他期限
	在排他期限内，目标企业现任股东及其任何任职职员、董事、财务顾问、经纪人或代表公司行事的人在约定的排他期内不得再与其他投资机构进行接触，从而保证双方的时间和经济效率
	投资方如果在协议签署之日前的任何时间决定不执行投资计划，应立即通知目标企业，排他期将在目标公司收到上述通知时立即结束
第一拒绝权条款	是指目标公司的其他股东欲对外出售股权时，作为老股东的股权投资基金在同等条件下有优先购买权
	优先认购权和第一拒绝权是最为常见的股东权利
随售权条款	随售权，又称共同出售权，是指目标公司的其他股东欲对外出售股权时，股权投资基金有权以其持股比例为基础，以同等条件参与该出售交易
	随售权条款通常与第一拒绝权条款同时出现
回售权条款	是指满足协议约定的特定触发条件时，股权投资基金有权将其持有的全部或部分目标公司股权以约定的价格卖给目标公司创始股东或创始股东指定的其他相关利益方
	业内常见的触发"回售权"的条件，有业绩指标触发条件和非业绩事件触发条件两类。例如：①业绩不达标；②未及时改制/申报上市材料/实现IPO；③原始股东丧失控股权；④高管出现重大不当行为
	回售权条款主要功能：①通过行使回售权达到估值调整的目的；②回售权条款是在约定的触发条件发生时，保障股权投资基金的投资具有一定流动性，并得以获得畅通的退出渠道的重要手段
拖售权条款	拖售权，又称领售权，强卖权或强制出售权，是指如果有第三方向股权投资基金发出股权收购要约，且股权投资基金接受该要约，则其有权要求其他股东一起按照相同的出售条件和价格向该第三方转让股权
	拖售权设计的初衷是保障股权投资基金通过被投资企业被第三方并购而成功实现项目退出的权利
	随售权是股权投资基金欲强行进入其他股东与第三方的交易，交易价格以其他股东与第三方协商确定的价格为准；而拖售权则是股权投资基金强迫其他股东进入股权投资基金与第三方的交易，交易价格以股权投资基金与第三方协商确定的价格为准
	对拖售权的行使设置的条件包括：①股权投资基金提出要行使拖售权时，公司创始股东有权按照第三方买家提出的同等交易条件受让股权投资基金在公司的股权，只有在公司创始股东拒绝受让的情况下，拖售权才能被行使；②第三方买家对公司的估值必须高于某一事先设定的数额

> **注 意**
>
> （1）降价融资意味着投资者此前购买的股权付出的对价相对更为高昂，从而导致投资者遭受损失，因此投资者会要求在投资协议中加入反摊薄条款。由于创业投资基金更多地投资于经营业绩波动较大的早中期创业企业，因此反摊薄条款在创业投资基金的投资运作中更为多见。
>
> （2）在创业投资中，创业投资基金通常是被投资企业的小股东，因此会向企业家要求设置保护性条款。设立保护性条款的目的是保护作为小股东的投资者，防止其利益受到大股东侵害。

★ 考点回顾 | 单项选择题

1. 下列关于股权投资协议中估值调整条款的说法，错误的是（　　）。
   A. 股权投资基金有时会在投资协议中约定估值调整条款，目的是应对估值风险
   B. 股权投资基金对于目标企业的估值存在一定的不确定性
   C. 是一种用来保证股权投资基金权益的约定，目的是确保不会因公司以更低的发行价进行新一轮融资而导致投资人的股权被稀释从而投资被贬值
   D. 通常的估值调整方法是，在投资协议中约定未来的企业业绩目标，并根据企业未来实际业绩与业绩目标的偏离情况，相应调整企业的估值

【答案】C
【解析】反摊薄条款是一种用来保证股权投资基金权益的约定，目的是确保不会因公司以更低的发行价进行新一轮融资而导致投资人的股权被稀释从而投资被贬值。选项C错误。

2. 企业家在与股权投资基金谈判时，在反稀释问题上该尽可能争取以（　　）解决反稀释问题，这样将对企业家较为有利。
   A. 棘轮条款　　　　　　　　　　B. 估值条款
   C. 反摊薄条款　　　　　　　　　D. 加权平均反稀释条款

【答案】D
【解析】完全棘轮条款更大限度地保护投资者，所以企业家在与股权投资基金谈判时，在反稀释问题上该尽可能争取以加权平均反稀释条款解决反稀释问题，这样将对企业家较为有利。

股权投资基金的投资后管理

本章共包含三个小节。

第一节主要讲述了投资后管理的概念、内容、三大作用以及投资后阶段信息获取的主要渠道。

第二节主要讲述了投资后项目跟踪与监控的三大指标以及三种方式。

第三节主要讲述了增值服务的价值以及主要内容。

知识结构

股权投资基金的投资后管理

- **投资后管理概述**
  - 概念、内容、作用（3个）
  - 投资后阶段信息获取的主要途径（3个）

- **投资后项目跟踪与监控**
  - 指标
    - 经营指标、管理指标、财务指标
  - 方式（3种）

- **增值服务**
  - 协助完善规范的公司治理结构、协助建立规范的财务管理体系、为企业提供管理咨询服务、协助后续再融资工作、协助上市及并购整合、提供人才专家等外部关系网络

第一节　投资后管理概述

一、投资后管理的概念、内容和作用

投资后管理的具体内容见表6-1。

表6-1　投资后管理

项目		具体内容
概念		投资后管理是指股权投资基金（或其他类型投资机构）与被投资企业投资交割之后，基金管理人积极参与被投资企业的管理，对被投资企业实施项目监控，并提供各项增值服务的一系列活动
		在投资交割后直到项目退出之前都属于投资后管理的期间，在整个股权投资过程中持续时间最长，对投资工作具有十分重要的意义
内容		投资机构对被投资企业进行的项目跟踪与监控活动
		投资机构对被投资企业提供的增值服务
作用	管理和防范投资风险	投资后的项目跟踪与监控有利于及时了解被投资企业经营运作情况，并根据不同情况及时采取必要措施，保证资金安全并促进投资收益
	提升被投资企业自身价值	投资后的增值服务有利于提升被投资企业自身价值，增加投资收益
	协助被投资企业利用资本市场	投资后管理对股权投资基金参与企业后续融资、兼并收购、企业上市与上市后资本市场运作方面更有经验和能力，帮助被投资企业利用好资本市场

拓展链接

投资后管理关系到被投资企业的运行及发展，良好的投资后管理能有效地减少或消除潜在的投资风险，保障投资资金的远期退出，实现投资目的。

★ **考点回顾 单项选择题**

一般来说，股权投资基金投资后管理的主要内容包括（　　）。
Ⅰ．投资机构对被投资企业进行的项目跟踪与监控活动
Ⅱ．投资机构对被投资企业提供的增值服务
Ⅲ．投资机构对被投资企业提供的业务调查服务
Ⅳ．投资机构对被投资企业提供的财务调查服务
A．Ⅰ、Ⅲ　　　　B．Ⅰ、Ⅱ　　　　C．Ⅱ、Ⅲ　　　　D．Ⅲ、Ⅳ
【答案】B

二、投资后阶段信息获取的主要渠道

投资后阶段信息获取的主要渠道见表6-2。

表6-2　投资后阶段信息获取的主要渠道

主要渠道	具体内容
参与被投资企业股东大会（股东会）、董事会、监事会	股东大会（股东会）是公司的最高权力机构，由全体股东组成，负责修改公司章程，聘任和解聘公司董事，公司上市、增资、减资、利润分配，审批重大关联交易等重大事项的决策
	董事会负责批准公司发展战略、批准公司年度财务预算与决算、聘任和解聘公司高级管理人员、决定公司高级管理人员的薪酬和考核与激励制度等重要决策
	监事会作为公司内部专门行使监督权的监督机构，对公司董事和高管的行为是否符合法律法规和公司章程的规定行使监督权力，是公司法人治理结构的重要组成部分

续表

主要渠道	具体内容
参与被投资企业股东大会（股东会）、董事会、监事会	投资机构通过基金管理人参与被投资企业股东大会（股东会）、董事会和监事会，可以全面了解与公司发展相关的重要信息，并通过行使相应职权保护股权投资基金的利益，促进被投资企业的良性发展
关注被投资企业经营状况	根据法律法规和投资协议的约定，通常情况下，被投资企业有义务及时向投资机构提供与企业经营状况相关的报告，包括月度报告、季度报告、半年度报告、年度报告和有关专项报告等
	投资机构可以通过被投资企业提交的经营报告了解企业业务进展情况，从而对项目发展进行有效监控
日常联络和沟通工作	投资机构通常采取电话或会面、到企业实地考察等方式与被投资企业主要管理人员进行交谈和接触，目的是了解企业的日常经营情况，并对其进行指导或咨询辅导，实现有效的沟通

第二节 投资后项目跟踪与监控

一、项目跟踪与监控概述

在企业经营中，经常出现企业家的行为与投资机构利益不一致的现象。投资机构作为外部投资者，要减少或消除信息不对称等潜在问题，包括规避企业家的委托代理风险，投资机构应采取各项具体有效措施对被投资企业进行项目跟踪与监控，更好地了解企业运营的实际情况，并积极应对内外部环境变化与经营风险，从而促进被投资企业更好地发展。

二、常用的项目跟踪与监控指标

常用的项目跟踪与监控指标见表6-3。

表6-3 常用的项目跟踪与监控指标

指标		具体内容
经营指标		主要包括：收入、净利润、市场占有率、网点建设、新市场进入、收入增长率等
		对于业务和市场已经相对成熟稳定的企业，侧重于监控业绩指标，如净利润、收入、市场占有率等
		对于尚在积极开拓市场的成长型企业，侧重于监控成长指标，如销售额增长、网点建设、新市场进入等
管理指标	公司战略与业务发展定位	投资机构通过自己的经验积累，及时监督和发现问题，帮助企业构建一个更为科学的公司战略与业务发展定位
	经营风险控制情况	企业面临各种不同的风险，主要包括：财务风险、经营风险等内部风险，自然风险、社会风险、经济风险、政治风险等外部风险
	公司治理情况	投资机构利用自身的能力与经验对被投资企业的公司治理建设进行监控，协助被投资企业规范发展并保障投资目的的顺利达成
	高层管理人员尽职与异动情况	投资机构应当充分了解掌握管理团队的真实能力素养与道德品质、关注管理团队的尽职状态、提出改善建议，必要时可以协助进行管理团队调整，也可以帮助引进合适人才充实管理团队

续表

指标	具体内容
财务指标	是指企业经营管理结果和具体呈现，可以反映企业的财务状况以及企业经营管理情况。主要包括：关键比率分析、拖延付款情况、财务亏损情况、资产负债表重要改变等。财务报表要及时、真实准确
	应该重视的财务指标：①比率分析中的预警信号，包括流动比率、速动比率、存货周转率、负债率等，能及时了解被投资企业可能存在的问题；②经营中的拖延付款，包括各类经营款项、职工薪酬、银行债务等，是现金流紧张的表现；③财务亏损，投资机构应对亏损的情况充分掌握，了解企业管理层对于扭转亏损状态的具体举措；④资产负债表的重大改变，包括应付、应收账款，现金、存货的变化，尽快查明原因，确认是否存在资不抵债或资金周转困难等情况

拓展链接

项目跟踪与监控中需要重点关注的管理指标主要包括：公司战略与业务发展定位、经营风险控制情况、股东关系与公司治理情况、高层管理人员尽职与异动情况、重大业务经营问题、危机事件处理情况等。

三、项目跟踪与监控的主要方式

项目跟踪与监控的主要方式见表6-4。

表6-4 项目跟踪与监控的主要方式

方式	具体内容
跟踪协议条款执行情况	投资机构需定期核查协议条款的执行情况，保护自身的合法权益
	当发现项目存在重大风险或出现不确定性的情况时，应当立即采取补救措施
	对一些投资协议可能规定的后续义务进行持续跟踪
监控被投资企业各类经营指标与财务状况	对被投资企业的财务状况进行监控和分析是投资机构对被投资企业风险监控的重要途径之一
	投资机构通常要求被投资企业定期提供财务报表和业绩报告，并跟踪被投资企业重大合同等业务经营信息、重大的投资活动和融资活动、公司经营范围的变更、重要管理人员的任免，以及其他可能对公司生产经营、业绩、资产等产生重大影响的事宜
	在必要情况下，通过提议召开董事会行使相应权力
参与被投资企业公司治理	参与被投资企业股东大会（股东会）、董事会和监事会，并以提出议案或参与表决的方式，对被投资企业的经营管理实施监控以降低股权投资后的委托代理风险
	一些情况下，投资机构在投资时会以可转换优先股或可转换债券作为投资工具，在投资后管理阶段，投资者可以选择形式转换权利，将优先股或债券转换为普通股，以增加在股东大会或董事会的话语权，实施更有利的监控。一些特殊情况下，投资机构可以根据投资协议约定的保护性条款，对可能损害投资机构权益的决策行使一票否决权

考点回顾 单项选择题

在股权投资基金投资后阶段，项目监控的主要方式包括（　　）。

Ⅰ．跟踪协议条款执行情况

Ⅱ．监控被投资企业各类经营指标与财务状况

Ⅲ．参与被投资企业公司治理

Ⅳ．了解相关政策动态

A. Ⅰ、Ⅱ、Ⅲ、Ⅳ B. Ⅲ、Ⅳ
C. Ⅰ、Ⅱ、Ⅲ D. Ⅰ、Ⅱ

【答案】C

【解析】投资后项目监控的主要方式包括：①跟踪协议条款执行情况；②监控被投资企业各类经营指标与财务状况；③参与被投资企业公司治理。

第三节 增值服务

一、增值服务的价值

企业价值增长是一切股东获益的本源，因此，协助被投资企业的价值增长，既是被投资企业的迫切需求，又是投资机构的立足之本。

在当前市场环境下，增值服务能力可以成为投资机构的核心竞争力。通过增值服务，能够协助被投资企业实现更好更快地发展，可以有效地降低投资风险，能够增加投资机构品牌内涵和价值，成为投资机构"软实力"的重要体现。

对于早期阶段的被投资企业，投资机构侧重于协助其进行规范管理、业务开拓、后续再融资等；而对于发展较为成熟的被投资企业，投资机构提供增值服务的内容往往侧重于资源导入、兼并收购、上市推动等。

二、增值服务的主要内容

增值服务的主要内容见表6-5。

表6-5 增值服务的主要内容

主要内容	具体说明
协助完善规范的公司治理架构	投资机构本身非常注重被投资企业的治理结构及组织架构，因此通常会在这些方面提供合理意见与建议，并帮助被投资企业逐步建立规范的公司治理结构
协助建立规范的财务管理体系	投资机构在财务管理体系建立方面具备专业的经验与能力，也可引入能力较高的财务管理人员，协助建立以"规范管理、风险控制和全面预算"为基本理念的现代财务管理体系
为企业提供管理咨询服务	主要是指为被投资企业提供战略、组织、财务、人力资源、市场营销等方面的咨询建议
	投资机构经常作为管理顾问，帮助被投资企业规范管理、优化制度流程提升市场形象与品牌等，同时也可以较早觉察到企业未来可能出现的问题，降低企业的运行风险
协助进行后续再融资工作	投资机构往往会利用自己在资本市场上和借贷市场上的关系网络，引荐其他投资机构甚至商业银行
	投资机构能给被投资企业提供潜在持续融资机会，被投资企业往往倾向于选择投资行业内具有广泛关系网络的投资机构，保证后续融资活动顺利进行
协助上市及并购整合	投资机构对资本市场的熟悉程度高、资本运作能力强，因此，在为被投资企业提供资本运作增值服务方面，承担更多的责任
	为了实现被投资企业上市，投资机构可以积极参与被投资企业的上市推动工作，包括帮助被投资企业进行一系列的上市/挂牌前的准备，引入各类中介机构开展上市/挂牌辅导工作，并利用自己在资本市场的资源网络，协助被投资企业上市

续表

主要内容	具体说明
提供人才专家等外部关系网络	投资机构与社会各界都保持广泛的联系，能够为被投资企业带来许多人才专家资源，并将其融入企业之中，成为企业的竞争优势，包括：高级管理人才、核心技术人才、日常经营中的供应商和经销商、业务合作方、会计师事务所、律师事务所、管理咨询公司、专家顾问等

考点回顾 单项选择题

下列不属于增值服务的主要内容的是（　　）。

A. 完善公司治理结构

B. 为企业提供管理咨询服务

C. 提供外部关系网络

D. 改善公司经营状况

【答案】D

【解析】股权投资基金为被投资企业提供的增值服务通常包括：①完善公司治理结构；②规范财务管理体系；③为企业提供管理咨询服务；④协助进行后续再融资服务；⑤协助上市及并购整合；⑥提供外部关系网络。

股权投资基金的项目退出

本章共包含五个小节。

第一节主要讲述了投资退出的概念、意义以及主要方式。

第二节至第五节分别讲述了上市转让退出、挂牌转让退出、协议转让退出、清算退出等内容。

知识结构

- 股权投资基金的项目退出
  - 项目退出概述
    - 概念、意义
  - 上市转让退出
    - 概述
      - 股权投资基金最理想的退出方式之一
    - 境内上市
      - 境内首次公开发行上市、间接上市
    - 境外上市
      - 境外直接上市、境外间接上市
    - 我国证券交易所的主要交易机制
      - 竞价交易、大宗交易、协议转让、要约收购
  - 挂牌转让退出
    - 全国中小企业股份转让系统（俗称"新三板"）、区域性股权交易市场（俗称"四板"）
  - 协议转让退出
    - 并购及回购是重要的退出途径
    - 回购的流程（4步）
  - 清算退出
    - 清算退出的方式：破产清算、解散清算
    - 清算退出的流程（4步）

第一节　项目退出概述

项目退出概述见表7-1。

表7-1　项目退出概述

项目	具体内容
概念	项目退出是指股权投资基金选择合适的时机，将其在被投资企业的股权变现，由股权形态转化为具有流动性的现金收益，以实现资本增值，或及时避免和降低财产损失。对股权投资基金而言，实现项目的退出是其进行股权投资的最终目标
流程	①选择退出时机、评估退出路径、设计退出方案；②退出启动前准备；③启动退出程序后，监控退出过程；④进行交易结算并进行退出后的评估与评价
意义 — 实现投资收益，控制风险	股权投资的投资周期长、资金量较大、风险较高，决定了其更注重风险的控制。股权投资的盈利一方面来自股息和红利、但更多主要体现在所投资企业经过良好的管理与运作后企业价值的增加，股权投资基金在适当的时机退出，实现资本增值。而当无法获取预期收益甚至存在亏损的可能性时，及时进行项目退出可适度规避投资风险
意义 — 促进投资循环，保持资金流动性	股权投资基金退出机制为股权投资基金提供了持续的流动性，这种持续的流动性是股权投资基金能够持续发展的重要保障；股权投资基金适时、成功地退出，还将为其树立并保持良好的股权投资基金形象，从而吸引更多的社会资本加入到股权投资的行列
意义 — 评价投资活动，体现投资价值	通过股权投资退出实现的收益可以衡量资本增值，从而有效地对投资活动进行价值发现、核算和评价
方式	上市转让退出、在场外交易市场挂牌转让退出、协议转让退出以及清算退出

拓展链接

（1）从退出收益角度来看，上市转让退出的收益一般要比挂牌转让退出和协议转让退出的收益高；清算退出一般将面临亏损的风险。

（2）从退出效率角度来看，上市成功后还有相当期限的限售期，上市转让退出实现最终退出耗时较长；场外股权交易市场挂牌一般实行注册制，挂牌转让退出所需时间相对较短；收购方和被收购方谈定交易价格和条件后，就可以进行交割，协议转让退出可实现快速退出；清算退出所需时间受债权公告、资产处置等环节影响，不同企业清算所花时间呈现出较大的差异性。

（3）从退出成本角度来看，首发上市需要支付给承销商及其他市场服务机构相对较高的费用；挂牌所需费用相对较低；协议转让交易只需并购方和被并购方双方达成协议，协议转让即可完成；清算退出需要支出清算费用，清算费用是需要优先支付的。

（4）从退出风险角度来看，首发上市准入实行核准制，因此企业上市申请能否获得核准仍然存在相当大的不确定性；若选择挂牌退出由于场外股权交易市场的交易活跃度通常不是很高，市场流动性相对较差，因此存在挂牌后一段时间内无人受让或价格被低估的风险；协议转让的风险主要表现为由信息不对称所引起的价格不能充分反映被投资企业实际价值的不确定性；如果企业进入清算程序，在处置资产的过程中，部分流动性较差的资产可能将不得不以极低的价格转让，甚至存在短期内无法变现的可能性，从而影响清算收入。

考点回顾｜单项选择题

股权投资基金的退出方式主要有（　　）。

Ⅰ. 上市转让退出　　　　　　　　Ⅱ. 在场外交易市场挂牌转让退出
Ⅲ. 清算退出　　　　　　　　　　Ⅳ. 协议转让退出
A. Ⅰ、Ⅱ、Ⅲ　　　　　　　　　B. Ⅰ、Ⅲ、Ⅳ
C. Ⅱ、Ⅲ、Ⅳ　　　　　　　　　D. Ⅰ、Ⅱ、Ⅲ、Ⅳ

【答案】D

【解析】股权投资基金的退出方式主要有：上市转让退出、在场外交易市场挂牌转让退出、协议转让退出及清算退出。

第二节　上市转让退出

一、上市转让退出概述

（一）上市转让退出基本概述

股份上市转让退出是股权投资基金最理想的退出方式之一。

首次公开发行（IPO）上市一般是在被投资企业经营达到理想状态时进行的，是指股权投资基金通过企业上市将其拥有的被投资企业股份转变成可以在公开市场上流通的股份，通过股票在公开市场转让实现投资退出和资本增值。

随着我国新三板市场的兴起和相关交易制度的日趋完善，新三板挂牌退出也成为股权投资基金的重要退出方式。

★ 考点回顾｜单项选择题

股权投资基金首选的退出方式是（　　）。
A. 挂牌转让退出　　　　　　　　B. 股权转让退出
C. 股份上市转让退出　　　　　　D. 清算退出

【答案】C

【解析】股份上市转让退出是股权投资基金首选的退出方式。股权投资基金通过企业上市将其拥有的被投资企业股份转变成可以在公开市场上流通的股份，通过股票在公开市场转让实现投资退出和资本增值。

（二）上市转让退出的主要市场

上市转让退出的主要市场见表7-2。

表7-2　上市转让退出的主要市场

市场	具体内容
境内IPO市场	主板市场
	中小企业板市场
	创业板市场
境外IPO市场	以香港证券交易所、美国纳斯达克证券交易所（NASDAQ）、纽约证券交易所（NYSE）等市场为主

考点回顾 单项选择题

境内 IPO 市场包括主板、中小企业板和（　　）。

A. 新三板 B. 区域股权
C. 创业板 D. 四板

【答案】C

【解析】境内 IPO 市场包括主板市场、中小企业板市场和创业板市场。

二、境内上市

（一）境内首次公开发行上市

境内首次公开发行上市的一般流程见表 7-3。

表 7-3　境内首次公开发行上市的一般流程

流程	具体内容
改制	企业改制是指企业以在资本市场公开发行和交易股票为目的而进行的企业组织机构、资本资产等方面的改组行为，一般聘请专业机构协助完成。企业首先确定证券公司（券商），在券商的协助下选定会计师事务所、律师事务所等。在改制阶段，企业为有限责任公司的，应依法改制为股份有限公司并取得营业执照
辅导	按照中国证监会的有关规定，拟公开发行股票的股份有限公司在向中国证监会提出股票发行申请前，均须由具有主承销资格的证券公司进行辅导。在此阶段，保荐人及其他中介机构在对拟上市企业进行尽职调查的基础上，帮助企业完善公司治理结构，明确业务发展目标和募集资金使用计划，并准备首次公开发行申请文件
申报审核	在申报阶段，企业和中介机构按照中国证监会的要求制作申请文件，保荐机构进行内部审核并出具保荐意见
	中国证监会收到申请文件后做出是否受理的决定，未按要求制作申请文件的，不予受理
	中国证监会受理申请文件后，对发行人申请文件的合规性进行初审，如有需要，中国证监会可能会征求国家相关政府部门或企业所在地政府的意见
	中国证监会向保荐机构反馈意见，保荐机构组织发行人和中介机构对相关问题进行整改，对审核意见进行回复。申请文件受理后，发行审核委员会审核前，发行人应当将招股说明书（申报稿）在中国证监会网站预先披露
	中国证监会根据反馈回复继续审核，召开初审会，形成初审报告
	中国证监会受理申请文件后在规定时间内将初审报告和申请文件提交发行审核委员会审核。依据发行审核委员会的审核意见，中国证监会对发行人的发行申请作出核准或不予核准的决定。予以核准的，出具核准公开发行的文件；不予核准的，出具书面意见，说明不予核准的理由
股票发行及上市	股票发行申请经发行审核委员会核准后，企业将取得中国证监会同意发行的批文
	发行人在指定报刊、网站刊登招股说明书及发行公告，组织发行路演，通过询价程序确定发行价格，按照发行方案发行股票
	发行成功后，企业刊登上市公告，在交易所的安排下完成上市交易

（二）间接上市

所投资企业可以通过参与上市公司重大资产重组或借壳上市等方式间接上市。间接上市成功的，股权投资基金持有的被投资企业股份（股权）也可以转变成相关上市公司的股份，通过公开市场转让实现退出。

三、境外上市

境外上市分为境外直接上市和境外间接上市两种方式。对接受美元基金投资的境内企业而言,通常采取境外间接上市的方式。

(一)境外直接上市

1. 概念

境外直接上市是指企业直接以国内股份有限公司的名义向国外证券主管机构申请发行股票(或其他衍生工具),向当地证券交易所申请上市。在境外资本市场发行股票并上市,即通常所说的发行H股、N股、S股等。

2. 优点

境外直接上市的优点包括以下几项:

(1) 可直接进入境外资本市场,节省信息传递成本。

(2) 极大地提升企业国际知名度和影响力,并获得外汇资金。

3. 要求

中国证监会对企业申请境外上市提出了较高的要求。中国证监会《关于企业申请境外上市有关问题的通知》对申请境外直接上市企业的财务状况提出了较为严格的要求,具体包括"拟上市企业筹资用途符合国家产业政策、利用外资政策及国家有关固定资产投资立项的规定,净资产不少于4亿元人民币;过去一年税后利润不少于6 000万元人民币,并有增长潜力;按照合理市盈率预期,筹资额不少于5 000万美元;具有规范的法人治理结构及较完善的内部管理制度;有较稳定的高级管理层及较高的管理水平"等等。

4. 用途

境外直接上市方式路径相对简单,但由于严格的财务状况要求,此模式更适用于大型国有企业。

(二)境外间接上市

境外间接上市是指境内公司将境内资产/权益,以股权/资产收购或协议控制等形式转移至境外注册的特殊目的公司,通过该境外特殊目的公司持有、控制境内资产及股权,并以境外特殊目的公司的名义申请境外交易所上市交易。

(三)境外上市的一般操作流程

1. 策划上市方案

策划上市方案主要包括以下几项:

(1) 选择上市模式(直接上市或间接上市)。

(2) 选择发行及交易的股票交易所。

(3) 初步确定融资规模和资金投向。

2. 准备相关文件

聘请专业承销商及其他市场服务机构,整理公司资料,形成符合要求的文件,然后由上市地认可的中介机构进行审计和资产评估。

3. 上市申报

发行人在保荐人的帮助下,向境外证券监管部门和股票交易所提交发行和上市申报文件。

4. 公开发行及交易

境外上市核准或注册完成后，拟上市公司可进行路演及询价，也可在公开发行前先进行部分私募融资，最终进行公开股票发行及交易。

四、上市后股权转让退出

对股权投资机构而言，企业上市并非项目投资退出过程的结束，只有当所持有的股份在锁定期（限售期）届满或符合约定条件通过二级市场减持完毕之后，才标志着项目退出的完结。

锁定期（限售期）的设置，通常是为了保护中小投资者的利益，防止公司实际控制人、控股股东、董事、监事、高管等"内部人"利用信息优势获得不当利益，或者利用资本市场实现快速套现。锁定期分为强制锁定和自愿锁定两种，强制锁定是指法律法规或交易所规则规定的关于股份锁定的规则。

锁定期结束后，股份上市转让需要遵守交易所的交易机制和规则。

我国证券交易所的主要交易机制见表7-4。

表7-4 我国证券交易所的主要交易机制

交易机制		具体内容
竞价交易（又称委托驱动制度）	主要内容	证券交易所每个交易日的开市价格由集合竞价形成，随后进入连续竞价阶段，交易系统对不断进入的投资者交易指令，按价格优先与时间优先原则排序，将买卖指令配对竞价成交
	竞价方式	包括集合竞价方式和连续竞价方式。集合竞价是指对一段时间内接受的买卖申报一次性撮合的竞价方式；连续竞价是指对买卖申报逐笔连续撮和的竞价方式
		我国上市公司股票交易实行涨跌幅限制，无论买入或者卖出，股票（含A、B股）在一个交易日内交易价格相对上一个交易日收市价格的涨跌幅不得超过10%，其中ST股票和*ST股票价格涨跌幅不得超过5%
大宗交易（又称大宗买卖）	概念	是指达到规定的最低限额的证券单笔买卖申报，买卖双方经过协商达成一致并经交易所确认成交的证券交易
	界定	各个交易所在它的交易制度中或者在它的大宗交易制度中都对大宗交易有明确的界定，而且各不相同
	特点	①大宗交易转让的价格灵活，卖方容易取得满意的价格；②大宗交易不会对竞价交易的股票价格形成巨大冲击，有利于市场稳定；③大宗交易具有高效率和低成本特点
协议转让	概念	是指买卖各方依据事先达成的转让协议，向股份上市所在证券交易所和登记机构申请办理股份转让过户的业务
	分类	根据转让股份类型的不同，分为流通股协议转让和非流通股协议转让
		根据转让主体类型的不同，分为国有股协议转让和非国有股协议转让
		根据转让情形的不同，分为协议收购、对价偿还、股份回购等
要约收购	概念	要约收购是指收购人向所有的股票持有人发出购买上市公司股份的收购要约，收购该上市公司股份的行为
	规定	收购人自愿选择要约方式收购上市公司股份的，可以向被收购公司所有股东发出收购其所持有的全部股份的要约，也可以向被收购公司所有股东发出收购其所持有的部分股份的要约
		我国《上市公司收购管理办法》规定，通过证券交易所的证券交易，收购人持有一个上市公司的股份达到该公司已发行股份的30%时，继续增持股份的，应当采取要约方式进行，发出全面要约或者部分要约

考点回顾 | 单项选择题

我国的证券交易所采用集合竞价方式和（　　）。
A. 撮合竞价方式　　　　　　　　B. 连续竞价方式
C. 组合竞价方式　　　　　　　　D. 最优竞价方式

【答案】B

【解析】我国的证券交易所采用两种竞价方式，即：集合竞价方式和连续竞价方式。集合竞价是对一段时间内接受的买卖申报一次撮合的竞价方式；连续竞价是对买卖申报逐笔连续撮合的竞价方式。

第三节　挂牌转让退出

挂牌转让退出主要在场外市场进行。目前我国场外市场包括全国性股权交易市场和区域性股权交易市场。

一、全国中小企业股份转让系统

全国中小企业股份转让系统见表7-5。

表7-5　全国中小企业股份转让系统

项目		具体内容
概念		全国中小企业股份转让系统简称全国股转系统，通常称为"新三板"，是经国务院批准设立的公司制全国性证券交易场所。全国中小企业股份转让系统有限责任公司（简称全国股转系统公司）为其运营管理机构
作用		①为创业型、创新型、成长型中小微企业发展服务；②发挥着主板和创业板"孵化器"和"蓄水池"的作用，为企业提供前期融资、估值、股权流动以及企业展示的平台，是我国多层次资本市场的重要组成部分；③全国股转系统挂牌股份转让退出是股权投资基金的重要退出方式
基本要求		依法设立且存续满2年；有限责任公司按原账面净资产值折股整体变更为股份有限公司的，存续时间可以从有限责任公司成立之日起计算
		业务明确，具有持续经营能力
		公司治理机制健全，合法规范经营
		股权明晰，股票发行和转让行为合法合规
		主办券商推荐并持续督导
		全国股份转让系统公司要求的其他条件
基本流程	决策改制阶段	决策改制阶段的主要工作是选聘中介机构，配合中介机构进行尽职调查，选定改制基准日、整体变更为股份公司
		最为关键的工作是股改，主要包括：①召开股东会并作出统一改制的决议；②名称预先核准；③出具改制审计报告；④出具改制评估报告；⑤律师审查重大法律事项；⑥召开股东会并形成确定改制内容的股东会决议；⑦签署发起人协议；⑧验资机构验资并出具验资报告；⑨召开股份公司创立大会；⑩召开第一届董事会第一次会议；⑪召开第一届监事会第一次会议；⑫办理股份公司设立手续
		企业申请全国股转系统挂牌，还要注意落实《非上市公众公司监督管理办法》《全国中小企业股份转让系统业务规则（试行）》《非上市公众公司监管指引第3号——章程必备条款》等相关法律、法规、规则对股份公司的相关要求

续表

项目		具体内容
基本流程	材料制作阶段	召开董事会、股东大会，审议通过申请在全国股转系统挂牌的相关决议和方案
		制作挂牌申请文件。会计师事务所、律师事务所等中介机构完成相应的审计和法律调查工作后，项目小组复核《资产评估报告》《审计报告》和《法律意见书》等文件；主办券商制作《股份报价转让说明书》《尽职调查报告》及工作底稿等申报材料
		主办券商内核。主办券商内核会议审议拟挂牌公司的书面备案文件并决定是否向全国股转系统推荐挂牌。发现拟挂牌公司存在仍需调查或整改的问题，提出解决思路；同意推荐目标公司挂牌的，向全国股转系统出具《推荐报告》
		全国股转系统报送挂牌申请及相关材料
	反馈审核阶段	全国股转系统接收材料。全国股转系统设接收申请材料的服务窗口，接收申请人的申请材料。全国股转系统对申请材料的齐备性、完整性进行检查。需要申请人补正申请材料的，按规定提出补正要求；申请材料形式要件齐备、符合条件的，全国股转系统出具接收确认单
		全国股转系统审查反馈。对于审查中需要申请人补充披露、解释说明或中介机构进一步核查落实的主要问题，审查人员撰写书面反馈意见，由服务窗口告知，送达申请人及主办券商。申请人应当在反馈意见要求的时间内向服务窗口提交反馈回复意见
		全国股转系统出具审查意见。申请材料和回复意见审查完毕后，全国股转系统出具同意或不同意挂牌或股票发行的审查意见，服务窗口将审查意见送达申请人及相关单位
	登记挂牌阶段	挂牌申请审核通过后的工作，由券商协同企业完成。主要包括：分配股票代码、办理股份登记存管、公司挂牌
挂牌后的退出方式	协议转让	主要采用两种委托方式：定价委托和成交确认委托。定价委托是指投资者委托主办券商设定股票价格和数量，但没有确定的交易对手方，交易信息将公开显示于交易大盘中；成交确认委托是指买卖双方达成成交协议，委托主办券商向指定对手方发出确认成交的指令
		主要采用三种成交方式：点击成交、互报成交确认申报和收盘自动匹配成交。点击成交是完成上述定价委托；互报成交确认申报是老股东常用的方式，双方通过约定价格、数量和约定号，统一提交到股转中心，完成交易；收盘自动匹配成交是在每个收盘日 15:00 将盘中价格相同、交易方向相反的交易对手自动撮合
	做市转让	是指做市商在全国股转系统持续发布买卖双向报价，并在其报价价位和数量范围内履行与投资者成交义务的转让方式
		股票采取做市转让方式的优点：做市商为挂牌公司提供相对专业和公允的估值服务和报价服务，为挂牌公司引入外部投资者、申请银行贷款、进行股权质押融资等提供重要的定价参考，有助于提高投融资效率，为挂牌公司融资、并购等创造更为便利的条件

二、区域性股权交易市场

（一）概念

区域性股权交易市场（俗称"四板"）是为市场所在地省级行政区域内的企业，特别是中小微企业，提供股权、债权的转让和融资服务的场外交易市场，接受省级人民政府监管，中国证监会及其派出机构为区域性市场提供业务指导和服务。

(二) 作用

区域性股权交易市场是多层次资本市场的重要组成部分，对促进企业特别是中小微企业股权交易和融资，鼓励科技创新和激活民间资本，加强对实体经济薄弱环节的支持，具有积极作用。

考点回顾 | 单项选择题

股份有限公司申请股票在新三板挂牌，应当符合的条件有（   ）。
Ⅰ.依法设立且存续满1年　　　　　　Ⅱ.公司治理机制健全，合法规范经营
Ⅲ.股权明晰，股票发行和转让行为合法合规　Ⅳ.主办券商推荐并持续督导
A.Ⅰ、Ⅲ　　　　　　　　　　　　　B.Ⅰ、Ⅱ、Ⅲ
C.Ⅱ、Ⅲ　　　　　　　　　　　　　D.Ⅱ、Ⅲ、Ⅳ

【答案】D

【解析】股份有限公司申请在"新三板"挂牌，应当符合的条件包括：①依法设立且存续满2年，有限责任公司按原账面净资产值折股整体变更为股份有限公司的，存续时间可以从有限责任公司成立之日起计算；②业务明确，具有持续经营能力；③公司治理机制健全，合法规范经营；④股权明晰，股票发行和转让行为合法合规；⑤主办券商推荐并持续督导；⑥全国股份转让系统要求的其他条件。

第四节　协议转让退出

扫码听课

一、协议转让退出概述

并购及回购退出是股权投资基金的重要退出途径。

（1）并购退出是指股权投资基金向目标公司投资后，其他收购方购买股权投资基金所持目标公司的全部或部分股权，使股权投资基金实现退出。

（2）股权回购是指通常由被投资企业大股东或创始股东、管理层、员工等出资购买股权投资基金持有的企业股份，从而使股权投资基金实现退出的行为。

当股权投资基金管理人认为所投资企业效益未达预期或被投资企业无法达到投资协议中的特定条款时，可根据投资协议要求被投资企业股东及其他当事人回购股权，从而实现退出。当企业发展到一定阶段，被投资企业股东对企业未来的潜力看好，也可以通过协商主动回购股权投资基金持有的股权而使股权投资基金实现退出。

二、并购退出

对于有限责任公司，根据《公司法》规定，其股权转让分为内部转让和外部转让两种类型。

内部转让是指现有股东之间相互转让股权，外部转让是指现有股东向股东以外的人转让股权。两者的区别在于，除非公司章程另有约定，有限责任公司股权的外部转让需要征得其他股东过半数同意。目前，我国《公司法》对非上市股份有限公司的股份转让并无特殊规定。

以并购方式实现退出的程序见表7-6。

表 7-6　以并购方式实现退出的程序

步骤	具体内容
第一步	股权转让交易双方协商并达成初步意向。股权转让方与受让方对股权转让事宜进行初步谈判，并签署股权转让意向书，约定受让方对目标公司开展尽职调查的相关安排、受让方在一定时期内的独家谈判权以及双方保密义务等
第二步	受让方对目标公司进行尽职调查
第三步	履行必需的法律程序，转让方股权转让必须符合《公司法》的规定，同时，部分股权并购交易需经政府主管部门批准后方可实施
第四步	转让方与受让方进行谈判，并签署股权转让协议
第五步	股权转让协议签署后，目标公司应当根据所转让股权的数量，注销或变更转让方的出资证明书，向受让方签发出资证明书，并相应修改公司章程和股东名册中相关内容
第六步	向工商行政管理部门申请公司变更登记

考点回顾｜单项选择题

以并购方式实现退出的程序，可分为六个步骤，其中不包括（　　）。
A. 股权转让交易双方协商并达成初步意向
B. 聘请中介机构对目标公司进行尽职调查
C. 转让方与受让方进行谈判，并签署股权转让协议
D. 向证券登记结算机构申请公司变更登记

【答案】D

【解析】以并购方式实现退出的程序的步骤为：①股权转让交易双方协商并达成初步意向；②聘请中介机构对目标公司进行尽职调查；③履行必需的法律程序，转让方股权转让必须符合《公司法》的规定，有些股权转让行为需要得到政府主管部门的批准；④转让方与受让方进行谈判，并签署股权转让协议；⑤股权转让协议签署后，目标公司应当根据所转让股权的数量，注销或变更转让方的出资证明书，向受让方签发出资证明书，并相应修改公司章程和股东名册中相关内容；⑥向工商行政管理部门申请公司变更登记。

三、回购退出

（一）回购概述

股权回购主要包括：

（1）控股股东回购，是指被投资企业的控股股东在回购条件满足时自筹资金回购股权投资基金所持有的股权（股份）。控股股东回购是股权回购中比较常见的方式。

（2）管理层回购（MBO），是指被投资企业的管理层在回购条件满足时自筹资金回购股权投资基金所持有的股权（股份），从而实现股权投资基金的退出。

（3）员工收购（EBO），是指目标公司的员工集体出资将股权投资基金所持有的股权（股份）收购，从而实现股权投资基金的退出。

（二）回购的流程

回购的一般流程见表 7-7。

表 7-7　回购的一般流程

流程	具体内容
发起	在发起之前，出让方与受让方对股权回购可行性进行评估，出让方与受让方达成初步意向，股权回购才会正式发起。发起人既可以是股权投资基金，也可以是被投资企业股东、管理层。发起人在发起股权回购时，应选择合适时机并提出回购要约
协商	股权回购协商的过程，是股权投资各主体利益博弈的过程，涉及回购方案的制订、价格谈判、融资安排、审计、资产评估，并准备相关申报材料。该过程的关键是定价与融资，而各环节的连接与配合也直接关系到收购能否顺利完成，阶段的成果是买卖双方签订《股权转让协议》
执行	根据协商形成的股权回购协议，回购双方进行交割，回购方按约定的进度向股权投资基金支付议定的回购金额。根据国家有关法律法规，部分股权回购交易需经政府主管部门批准后方可实施
变更登记	股权回购完毕后，企业股东发生变化，应当及时根据《公司登记管理条例》的相关规定在工商行政管理部门办理变更登记，变更登记事项涉及修改公司章程的，应当向公司登记机关提交修改后的公司章程或者公司章程修正案

★ **考点回顾**｜单项选择题

发起、协商、执行和变更登记构成（　　）的基本运作程序。

A. 股权回购

B. 质押回购

C. 股份转让

D. 协议转让

【答案】A

第五节　清算退出

扫码听课

一、清算退出概述

清算是指企业结束经营活动，处置资产并进行分配的行为。清算退出是指股权投资基金通过被投资企业清算实现退出，主要是针对投资项目未获成功的一种退出方式。清算退出包括破产清算和解散清算。

（一）破产清算

破产清算是指公司不能清偿到期债务，并且资产不足以清偿全部债务或明显缺乏偿还能力时，被依法宣告破产的，由法院依照有关法律规定组织清算组对公司进行的清算。

（二）解散清算

解散清算是公司因经营期满，或者因经营方面的其他原因致使公司不宜或者不能继续经营时，自愿或被迫宣告解散而进行的清算。

根据《公司法》的规定，公司应当进行解散清算的情形包括以下几项：

(1) 公司章程规定的营业期限届满或者公司章程规定的其他解散事由出现。

(2) 股东会或者股东大会决议解散。

(3) 公司依法被吊销营业执照、责令关闭或者被撤销。

（4）公司经营管理发生严重困难，继续存续会使股东利益受到重大损失，通过其他途径不能解决时，持有公司全部股东表决权 10% 以上的股东请求法院解散公司并获得法院支持。

公司解散清算的，有限责任公司的清算组由股东组成，股份有限公司的清算组由董事或者股东大会确定的人员组成。

考点回顾 单项选择题

以下关于清算退出的说法，正确的是（　　）。

A. 清算退出是指股权投资基金通过被投资企业清算实现退出，主要针对投资项目未获得成功的一种退出方式
B. 通常由被投资企业大股东或创始股东出资购买股权投资基金持有的企业股份，从而使股权投资基金实现退出的行为
C. 清算退出是指股权投资基金通过投资企业清算实现退出，主要针对投资项目未获得成功的一种退出方式
D. 清算退出是指股权投资基金通过投资企业清算实现退出，主要针对投资项目获得成功的一种退出方式

【答案】A

二、清算退出的流程

（一）清查公司财产、制订清算方案

（1）清算组在催告债权人申报债权的同时，应当调查和清理公司的财产，根据债权人的申请和调查清理的情况编制公司资产负债表、财产清单和债权、债务目录，制订清算方案。

（2）编制公司财务会计报告后，清算组应当制订清算方案，提出收取债权和清偿债务的具体安排，提交股东大会（股东会）通过或者报主管机关确认。

注 意

若公司财产不足清偿债务的，清算组有责任向有管辖权的人民法院申请宣告破产。经人民法院裁定宣告破产后，清算组应当将清算事务移交人民法院。

（二）了结公司债权、债务，处理公司未了结的业务

（1）处理公司未了结的业务。清算期间，不得开展新的经营活动，但是公司清算组为了清算的目的，有权处理尚未了结的业务。

（2）收取公司债权。已到期的公司债权，清算组应及时向公司债务人要求清偿；未到期的公司债权，应当尽可能要求债务人提前清偿，如果债务人不同意提前清偿的，清算组可以通过转让债权等方法变相清偿。

（3）清偿公司债务。清算组在清理公司财产、编制资产负债表和财产清单之后，确认公司现有财产和债务大于所欠的债务，并且足以偿还全部债务时，应当按照法定顺序向债权人清偿债务。

（三）分配公司剩余财产

公司清偿了全部公司债务之后，如果公司财产还有剩余的，清算组才能够将公司剩余财产分配给包括股权投资基金在内的股东。股东之间如果依法约定了分配顺序和份额，可以按

约定进行分配；如果没有约定，则按股权比例进行分配。

考点回顾 单项选择题

（   ），即公司因不能清偿到期债务，并且资产不足以清偿全部债务或者明显缺乏偿还能力时，被依法宣告破产的，由法院依照有关法律规定组织清算组对公司进行的清算。

A. 解散清算　　　　　　　　　　　　B. 破产清算
C. 投资转让　　　　　　　　　　　　D. 破产退出

【答案】B

股权投资基金的内部管理

本章共包含九个小节。

第一节主要讲述了基金投资者关系管理的概念及意义。

第二节主要讲述了公司型股权投资基金、合伙型股权投资基金、信托（契约）型股权投资基金的权益变动和登记。

第三节主要讲述了基金估值的概念、原则和方法以及基金核算的相关内容。

第四节主要讲述了基金的收益分配方式以及基金清算的含义、原因和程序。

第五节主要讲述了基金信息披露的定义、原则、三大作用以及信息披露的相关内容和安排。

第六节主要讲述了基金托管的概念、三大作用、四大基本原则以及七项主要服务内容。

第七节主要讲述了基金服务业务的发展背景以及服务内容。

第八节主要讲述了基金业绩评价的意义和所需考虑的因素以及内部收益率、已分配收益倍数、总收益倍数的相关内容。

第九节主要讲述了管理人内部控制的概念、作用、原则、要素构成以及主要控制活动要求。

知识结构

股权投资基金的内部管理

- **投资者关系管理**
  - 概念、意义

- **基金权益登记**
  - 公司型股权投资基金的权益登记、合伙型股权投资基金的权益登记、信托（契约）型股权投资基金的权益登记

- **基金的估值与核算**
  - 基金估值的概念、原则、方法（3类）
  - 基金费用、基金会计核算、基金财务报告

- **收益分配与基金清算**
  - 收益分配
    - 涉及的基本概念（5个）、方式（2种）
  - 基金清算
    - 含义、原因（4种）、程序（5步）

- **基金信息披露**
  - 概述
    - 定义、作用（3个）、原则
  - 内容和安排

- **基金托管**
  - 概念、作用（3个）、基本原则（4个）、服务内容（7项）

- **基金服务业务**
  - 基金募集服务、投资顾问服务、份额登记服务、估值核算服务、信息技术系统服务

- **基金业绩评价**
  - 内部收益率
  - 已分配收益倍数
  - 总收益倍数

- **基金管理人内部控制**
  - 概述
    - 概念、作用（4个）、原则（6个）
  - 要素构成
    - 内部环境、风险评估、控制活动、信息与沟通、内部监督
  - 主要控制活动要求

第一节 投资者关系管理

一、基金投资者关系管理的概念和意义

(一) 基金投资者关系管理的概念

基金管理人通过充分的沟通与信息披露,向基金投资者详尽地展示基金的经营情况和发展前景,从而增加基金投资者对基金与管理人的了解以及投资者与管理人之间的相互联系。投资者关系管理是连接基金管理人和投资者的桥梁,主要表现在以下方面。

(1) 基金管理人以一种开放、平和的方式对基金投资者传递基金的投资理念、投资策略、主要投资活动、项目进展等信息,并且提供支持这些信息的财务数据。

(2) 基金管理人通过投资者关系管理了解和收集基金投资者的需求,并进行及时的反馈。

(3) 对投资者进行持续的教育。

投资者关系管理的基本原则是公开、公正、准确、及时和具有前瞻性。

(二) 基金投资者关系管理的意义

基金投资者关系管理的意义主要包括以下几项。

(1) 有利于促进基金管理人与基金投资者之间的良性关系,增进投资者对基金管理人及基金的进一步了解和熟悉。

1) 基金管理人与投资者沟通时,要表现出对投资者的高度重视,有利于投资者对基金管理人建立充分的信任。

2) 进行投资者教育,培养投资者对基金投资回报的耐心和信心。

(2) 有利于基金管理人建立稳定和优质的投资者基础,获得长期的市场支持。

1) 基金管理人进行的投资者关系管理的有效程度是其在市场能否成功的重要因素之一。

2) 很多股权投资基金投资者在不同领域拥有成功经验,可能具备基金在投资业务上所需的潜在资源。

(3) 能有效增加基金信息披露透明度,有利于实现基金管理人与投资者之间的信息对称。

投资者关系管理的核心在于有效、充分的信息传递,保证投资者对基金经营状况有充分了解。基金管理人应避免将前景描述得过于乐观,使投资者产生过高的收益预期。

二、基金各阶段与投资者互动的重点

基金各阶段与投资者互动的重点见表 8-1。

表 8-1 基金各阶段与投资者互动的重点

阶段	互动重点	
募集期间	基金管理人应充分了解投资者,建议投资者进行合理的资产配置	①基金管理人应对潜在投资者进行充分的背景调查,为投资者提供专业的投资建议,帮助投资者了解股权资产配置与其自身投资要求的适配性;②基金投资者应满足监管机构对合格投资者的要求,确保投资资金来源的合法性。对潜在投资者的了解内容包括:投资者的类型、投资理念、投资目标、投资策略、风险承受能力和资产流动性安排等

续表

阶段		互动重点
募集期间	基金管理人开展投资者教育	股权投资基金具有存续期长、投资风险高、流动性差等特点，基金管理人应向投资者重点提示股权投资基金的投资风险
	帮助投资者对基金管理人进行充分调研	专业的投资者一般会对基金管理人进行充分的尽职调查，甚至聘请专业第三方机构进行尽职调查，投资者充分调研，审慎选择基金管理人是投资股权投资基金的重要前提。调研的内容包括：基金管理人的制度完备情况、既往资产管理业绩表现、核心团队成员从业经历、拟投资领域和项目的可行性研究等
	帮助投资者充分理解股权投资基金的协议约定	在签署基金合同和附属协议前，基金管理人应向投资者全面、准确地披露股权投资基金的各项募集业务文件，向投资者阐明其权利、义务和投资风险，明确告知投资者该项投资没有任何业绩承诺。披露的内容包括：基金合同、基金募集推介资料、风险揭示书、风险调查问卷等
运行期间	基金管理人召集基金年度会议	按照基金合同的约定，每年应至少召开一次年度投资者会议。向投资者介绍的内容包括：基金投资策略、行业发展、投资机会和进展、基金基本情况、已投项目公司的经营情况、基金财务状况等
	基金管理人发布定期报告	根据基金合同的约定，基金管理人应当在约定时间内发布基金的定期报告。定期报告披露的内容包括：基金基本情况、投资进展、项目情况、相关财务数据，以及报告期间项目退出预期、退出方式、已向投资者返还的投资本金和收益情况等。定期报告的编写要求包括：准确、及时和具有一定的前瞻性
	基金管理人告知重大事项	提款通知、分配通知、合伙人变动通知、基金投资策略转变、基金投资项目重大进展、基金管理人核心员工变动、基金托管机构变更、基金清算、基金其他重大事项等
	基金管理人反馈投资者的需求	基金管理人需遵循公平原则和相应法律、法规的要求，以合适方式向投资者应答和妥善处理其需求；对于有保密需求的信息，可以告知投资者暂时无法进行披露，以取得投资者的理解

第二节 基金权益登记

一、公司型股权投资基金的权益登记

公司型股权投资基金的增资、减资、股权/股份转让、收益分配及清算退出等操作，涉及权益变动和权益登记。公司型股权投资基金的权益变动和登记见表8-2。

表8-2 公司型股权投资基金的权益变动和登记

项目		具体内容
增资/减资		首先需履行公司内部的决策程序，包括董事会决议及股东大会（股东会）决议，签订相应的决议文件。有限责任公司型股权投资基金做出增资或减资的决议，必须经代表2/3以上表决权的股东通过；股份有限公司型股权投资基金作出增资或减资决议，必须经出席股东大会（股东会）的股东所持表决权的2/3以上通过
股权/股份转让		根据受让人的不同，转让可分为内部转让（向公司的其他股东转让）和外部转让（转让给股东以外的第三人）。有限责任公司具有人合性特征，股东之间可以相互转让股权，对外转让需经过其他股东过半数同意，且其他股东有优先受让权。股份有限公司具有资合性，股份转让受到的限制较少，但内部治理更加规范和严格
收益分配	有限责任公司型股权投资基金	一般按其实缴出资比例分红；分红只能是现金分配的形式
	股份有限公司型股权投资基金	需按股东实际持股比例分红；分红可以是现金分配和以分红金额派发新股的形式

续表

项目	具体内容
清算退出	在清算退出的资产分配顺序上，公司财产在分别支付清算费用、职工的工资、社会保险费用和法定补偿金，缴纳所欠税款，清偿公司债务后的剩余财产，有限责任公司按照股东的出资比例分配，股份有限公司按照股东持有的股份比例分配
	公司型股权投资基金应当清算退出的情形：①全部投资项目都已到期退出；②营业期限届满；③出现其他公司章程规定的解散事由
登记	公司型股权投资基金设立，应向工商管理机关办理注册登记手续
	公司型股权投资基金增资、减资、股权/股份转让、收益分配以及终止清算的，应向工商行政管理机关办理变更登记、注销手续；股份有限公司型股权投资基金除发起人以外股东发生变更的无需登记

拓展链接

（1）公司型股权投资基金的增资，是指公司型股权投资基金成立后，为了扩大基金规模，按照法定程序增加注册资本金的行为。

（2）公司型股权投资基金的减资，是指公司型股权投资基金成立后，按照法定程序减少注册资本金的行为。

（3）公司型股权投资基金的股权/股份转让，是指原有股东依法将自己持有的股权/股份让渡给他人，使他人成为新股东或者增加股东权益的行为。

（4）公司型股权投资基金的收益分配，是指基金实现投资收益后将其分配给股东的行为。

（5）有限责任公司型股权投资基金增资，可以由原有股东增加出资，也可以由原有股东以外的其他人出资。股份有限公司型股权投资基金增资，可以采取发行新股的方式。

（6）公司型股权投资基金减资可以采取的方式包括：①减少出资总额，同时改变原出资比例；②以不改变出资比例为前提，减少各股东出资，减资完成后股东出资比例维持不变。

⭐ **考点回顾 单项选择题**

公司型基金的（　　）等操作涉及收益变动和登记。

Ⅰ．增资　　　　　　　　　　　　Ⅱ．退出
Ⅲ．收益分配　　　　　　　　　　Ⅳ．清算退出

A．Ⅰ、Ⅱ　　　　　　　　　　　B．Ⅱ、Ⅲ、Ⅳ
C．Ⅲ、Ⅳ　　　　　　　　　　　D．Ⅰ、Ⅱ、Ⅲ、Ⅳ

【答案】D

【解析】公司型基金的增资或减资、股权/股份转让、收益分配、清算退出、登记等操作涉及权益变动和登记。

二、合伙型股权投资基金的权益登记

合伙型股权投资基金的入伙/增加出资、退伙/减少出资、财产份额转让、收益分配及清算退出等操作，涉及权益变动和权益登记。合伙型股权投资基金的权益变动和登记见表8-3。

表 8-3 合伙型股权投资基金的权益变动和登记

项目	具体内容
入伙/增加出资	合伙型股权投资基金具有较强的人合性特征，新增合伙人需经全体合伙人一致同意（但合伙协议另有约定的除外），并订立书面入伙协议
	合伙型股权投资基金的出资，可根据合伙协议的约定实行承诺认缴资本制，在约定的时间内进行实缴出资
	除合伙协议另有约定外，新合伙人与原有合伙人享有同等权益，承担同等责任。新合伙人以其认缴的出资额为限对入伙前合伙企业的债务承担责任
退伙/减少出资	合伙型股权投资基金的投资者，在符合法律规定及合伙协议约定的情况下，可以办理退伙和减少出资，具体办理程序以合伙协议的约定为准。财产份额的退还办法由合伙协议约定或者由全体合伙人决定，既可以货币形式退还，也可以实物资产方式退还
财产份额转让	合伙型股权投资基金可按照合伙协议办理份额转让手续
	合伙人向其他合伙人转让财产份额，不必经其他合伙人一致同意，仅需通知其他合伙人
	合伙人向合伙人以外的第三人转让财产份额，一般需经其他合伙人一致同意
	在同等条件下，其他合伙人对合伙份额的转让具有优先购买权
收益分配	合伙型股权投资基金的收益分配方式，按照合伙协议的约定办理
	合伙协议未约定或者约定不明确的，由合伙人协商决定
	协商不成的，由合伙人按照实缴出资比例分配、分担
	无法确定出资比例的，由合伙人平均分配、分担
清算退出	合伙型股权投资基金解散，应当由清算人进行清算
	清算期间，合伙型股权投资基金存续，但不得开展与清算无关的经营活动
	合伙型股权投资基金财产在支付清算费用和职工工资、社会保险费用、法定补偿金以及缴纳所欠税款、清偿债务后的剩余财产，向合伙人进行分配
登记	合伙型股权投资基金设立，应向工商行政管理机关办理注册登记手续
	合伙型股权投资基金增加出资、减少出资、合伙人变更，以及终止清算的，应向工商行政管理机关办理变更登记、注销手续

拓展链接

（1）合伙型股权投资基金的入伙，是指基金成立后，新的合伙人投入一定数量的资本，并按照规定比例享受合伙企业的权益，加入合伙企业的行为；合伙型股权投资基金的增加出资，是指原有合伙人追加资本并按照追加部分享受新增权益的行为。

（2）合伙型股权投资基金的退伙、减少出资，是指合伙人按照合伙企业的约定，全部或者部分变现其持有的合伙企业财产份额，退出或者部分退出合伙企业的行为。

（3）合伙型股权投资基金的收益分配，是指基金的投资收入在扣除相关费用后所剩利润，在各合伙人之间进行的分配。

（4）合伙型股权投资基金应当解散的情形：①合伙型股权投资基金存续期届满且合伙人决定不再经营的；②全部投资项目到期退出的；③全体合伙人决定解散的；④法律、行政法规及合伙协议约定的其他解散事由。

★ **考点回顾** 单项选择题

合伙型股权投资基金新增合伙人需经（　　）一致同意（但合伙协议另有约定的除外），并订立书面入伙协议。

A. 全体合伙人　　　　　　　　　　　　B. 一半以上合伙人

C. 2/3 以上合伙人　　　　　　　　D. 1/3 以上合伙人

【答案】A

【解析】合伙型股权投资基金具有较强的人合性特征，新增合伙人需经全体合伙人一致同意（但合伙协议另有约定的除外），并订立书面入伙协议。

三、信托（契约）型股权投资基金的权益登记

信托（契约）型股权投资基金的认缴出资、退出、份额转让、收益分配及清算退出等操作，涉及权益变动和权益登记。信托（契约）型股权投资基金的权益变动和登记见表8-4。

表 8-4　信托（契约）型股权投资基金的权益变动和登记

项目	具体内容
认缴出资、退出	认缴出资及退出事项等具体规则和安排，由基金管理人、基金投资者及其他合同当事人（若有）在基金合同中约定
	认缴出资及退出的价格由基金管理人计算，若由基金托管人进行托管的，则由基金托管人进行复核。权益登记机构根据最终确定的价格计算基金投资者出资应得的基金份额以及退出金额
份额转让	信托（契约）型股权投资基金的基金投资者可以依法转让其持有的基金份额，基金份额转让只涉及出让方、受让方及基金管理人，三方协商好即可办理转让手续，无须征得其他基金投资者的同意
收益分配	信托（契约）型股权投资基金收益分配由基金管理人、基金投资者及其他合同当事人（如有）在基金合同中约定。除基金合同另有约定，每份基金份额具有同等的合法权益
清算	基金管理人应当组织清算小组对基金财产进行清算，清算小组由基金管理人、基金托管人以及相关中介服务机构组成
	清算分配方案由基金合同进行约定
	清算小组应编制清算报告，并向基金投资者进行披露
登记	基金管理人可以自行办理股权投资基金的份额登记事项，也可委托基金服务机构代为办理，但基金管理人应当依法承担的责任不因委托而免除
	无须在工商行政管理机关办理工商登记手续

拓展链接

（1）信托（契约）型股权投资基金的认缴出资，是指基金投资者与基金管理人签订基金合同，承诺认缴金额，并按照基金合同的约定缴纳出资购买基金份额的行为。

（2）信托（契约）型股权投资基金的退出，是指在基金成立后，持有基金份额的基金投资者按照基金合同的约定将基金份额兑换为现金的行为。基金投资者持有的基金份额全部退出后，即不再是基金份额持有人和基金合同的当事人。

（3）信托（契约）型股权投资基金的清算，是指当基金存续期限届满，或者全部投资项目清算退出，或出现基金合同约定的其他基金清算事由时，对基金财产进行处理和分配的行为。

考点回顾｜单项选择题

信托（契约）型股权投资基金收益分配由（　　）约定。

A. 基金合同　　B. 投资计划　　C. 大股东　　D. 管理层

【答案】A

【解析】信托（契约）型股权投资基金收益分配由基金管理人、基金投资者及其他合同当事人（如有）在基金合同中约定。除基金合同另有约定，每份基金份额具有同等的合法权益。

第三节 基金的估值与核算

一、基金估值概述

基金估值概述见表 8-5。

表 8-5 基金估值概述

项目	具体内容	
概念	基金估值是指通过对基金所持有的全部资产及应承担的全部负债按一定的原则和方法进行评估与计算,最终确定基金资产净值(NAV)的过程	
计算公式	基金资产净值=项目价值总和+其他资产价值-基金费用等负债	
估值原则	存在活跃市场的投资品种	应当采用活跃市场的市价确定该投资项目的公允价值
	不存在活跃市场的投资品种	应采用市场参与者普遍认同,且被以往市场实际交易价格验证具有可靠性的估值方法确定公允价值
		运用估值技术得出的结果,应反映估值日在公平条件下进行正常商业交易所采用的交易价格
		采用估值技术确定公允价值时,应尽可能使用市场参与者在定价时考虑的所有市场参数,并应通过定期校验,确保估值技术的有效性
	有充足理由表明按以上估值原则仍不能客观反映相关投资品种的公允价值的,基金管理人应根据具体情况与相关当事人进行商定或咨询其他专业机构,按最能恰当反映公允价值的价格估值	
估值方法	成本法	是一项反映当前重置资产服务能力所需要的金额(通常称为"现行重置成本")的估值技术。其主要包括复原重置成本法、更新重置成本法等
	市场法	是一种采用从设计相同或可比(类似)资产、负债或资产负债组合(比如业务)的市场交易中得出的价格及其他相关信息的估值方法。其主要包括:①有效市场价格法,对于存在活跃市场的投资品种,如估值日有市价的,应采用市价确定公允价值;②近期交易价格法,如果待估值的投资项目的交易是近期发生的,则其成本就很好地反映了公允价值,因此可以使用该交易成本作为该投资项目的公允价值;③乘数法,主要通过分析可比公司的交易和营运系统数据得到该公司在公开的资本市场的隐含价值。主要使用的可比指标包括:市盈率、市销率、市净率等
	收入法	是指将投资项目多项未来金额(比如现金流量或收入和支出)换算成一项当前金额(折现)的估值方法

拓展链接

(1) 交易所上市股票可以使用收盘价估值。

(2) 根据企业会计准则,公允价值是指市场参与者在计量日发生的有序交易中,出售一项资产所能收到或者转移一项负债所需支付的价格。

股权投资基金应当按照公允价值的定义对相关投资项目进行公允价值计量。股权投资基金以公允价值计量相关资产或负债,应当假定计量日出售资产或转移负债的有序交易发生在主要市场中,并且使用在当前情况下适用并且有足够可利用数据和其他信息支持的估值方法。

(3) 近期交易价格法适用于相关投资项目发生交易之后一段有限的时间内。

(4) 乘数法通常适用于对稳定企业的估值,且该企业有清晰的、连续的、可持续的盈利。乘数法的优点是基于市场公开的价值信息,易于得到认可;乘数法的缺点是可比公司难以寻找且市场价值易受政策方面的影响而不准确。

二、基金核算

基金核算的具体内容见表 8-6。

表 8-6 基金核算

项目	具体内容		
基金费用	费用类型	基金管理人的管理费	
		基金托管人的托管费	
		与基金运作相关的其他费用：①基金合同生效后的信息披露费用；②与基金设立及运作过程相关的会计师费和律师费；③基金相关账户开立费用及账户维护费用、银行汇划费用；④基金管理及基金财产投资运用过程中产生的审计费、律师费、评估费等聘请中介机构的费用以及保险费、公证费、咨询费、财务顾问费及其他费用；⑤基金合同终止时的清算费用；⑥按照国家有关规定和基金合同的约定，可以在基金财产中列支的其他费用	
	费用计提	管理费与托管费	管理费：基金管理人因投资管理基金资产而向基金收取的费用
			托管费：基金托管人为基金提供托管服务而向基金收取的费用
			管理费与托管费可按照基金实缴规模作为计算基数收取，也可以按照合同约定的其他方式计算并收取
		与运作有关的其他费用	基金运作费用是指保证基金正常运作而发生的应由基金承担的费用，由于费用发生频率较低，通常于发生时直接计入基金损益
基金会计核算	是指收集、整理、加工有关基金投资运作的会计信息，准确记录基金资产变化情况，及时向相关各方提供财务数据的过程		
	会计核算工作的核算主体为基金，会计责任主体为基金管理人。基金管理人应当对所管理的每只基金独立建账、独立核算，保证不同基金在名册登记、账户设置、资金划拨、账簿记录等方面相互独立		
	会计核算的主要内容有四项。①资产核算。基金定期或不定期对其投资的项目及其他资产按约定的估值方法进行估值核算，并于当日将投资估值增（减）值确认为公允价值变动损益。②负债核算。负债核算反映基金在一定时期内按照合同的约定应当偿还的经济债务，其偿还期或具体金额在它们发生或成立之时就已由合同、法规所规定与制约，是基金必须履行的一种义务。如应付管理费、应付托管费、应付税费等。③损益核算。损益核算反映基金在一段时间内投资项目所获得的利润或亏损，是反映其投资经营情况的重要指标。损益核算包含收入类和费用类。收入类含其投资项目期间产生的投资收益，费用类含管理费、托管费、运营服务费等，在满足相应条件时进行收入与费用的确认。每个报告期同的损益发生额将在报告期末进行结转。④权益核算。当基金出现权益变动，包括新的投资者参与、老的投资者退出以及基金收益分配等情况时，应当进行所有者权益核算		
基金财务报告	股权投资基金管理人应及时编制并对外提供真实、完整的基金财务会计报告		
	财务会计报告分为年度和半年度财务会计报告		
	基金财务会计报表包括资产负债表、利润表等会计表及会计表附注		
	基金托管人对基金管理人编制的财务报告的相关内容有复核义务		

第四节 收益分配与基金清算

一、基金收益分配

(一) 收益分配的基本概念

基金管理人应与基金投资者进行充分的沟通与协商,确定收益分配的机制,并在基金合同中约定相应的基金条款。收益分配涉及的基本概念见表8-7。

表8-7 收益分配涉及的基本概念

概念	具体内容
基金管理人的业绩报酬	是指基金管理人在为基金创造了超额收益后,参与到基金的收益分配中来,按照约定的比例提取已经实现的基金收益,作为对基金管理人创造超额收益的奖励。比较常见的业绩报酬分配模式为"二八模式",即基金收益或超额收益的20%作为业绩报酬分配至基金管理人,80%分配至基金投资者
瀑布式的收益分配体系	股权投资基金的分配通常采用瀑布式的收益分配体系。具体是指,项目投资退出的资金先返还至基金投资者,当投资者收回全部投资本金后,再按照约定的门槛收益率(如有)向基金投资者分配门槛收益。上述步骤完成后,基金管理人才参与基金的收益分配
门槛收益率	在设置了门槛收益率条款的股权投资基金里,向全体基金投资者返还投资本金后,还应继续向基金投资者进行分配,直至投资者获得按照门槛收益率计算的投资回报(门槛收益)之后,才开始向基金管理人分配业绩报酬
追赶机制	是指在向基金投资者分配投资本金及门槛收益之后,将剩余收益先行向基金管理人分配,直至达到门槛收益与当前"追赶"金额之和的既定比例,作为基金管理人的业绩报酬。按照上述方式完成"追赶"后,余下的收益再按照业绩报酬分配比例在基金投资者与基金管理人之间进行分配
回拨机制	是指在基金清算或其他约定时点,对已经分配的收益进行重新计算,如果基金投资者实际获得的收益率低于门槛收益率,或者收益分配比例不符合基金合同约定的,基金管理人需要将已经分得的部分或全部业绩报酬返还至基金资产,并分配给基金投资者

★ 考点回顾 | 单项选择题

项目投资退出的资金先返还至基金投资者,当投资者收回全部投资本金后,再按照约定的门槛收益率(如有)向基金投资者分配门槛收益,上述步骤完成后,基金管理人才参与基金的收益分配指的是( )

A. 追赶机制
B. 门槛收益率
C. 瀑布式的收益分配体系
D. 回拨机制

【答案】C

【解析】瀑布式的收益分配体系是指项目投资退出的资金先返还至基金投资者,直至投资者收回全部投资本金,再按照约定的门槛收益率(如有)向基金投资者分配门槛收益,上述步骤完成后,基金管理人才参与基金的收益分配。

(二) 收益分配的方式

常见的股权投资基金的收益分配方式包括下列两种。

1. 按照单一项目的收益分配方式

按照单一项目的收益分配方式具体分配流程见图 8-1。

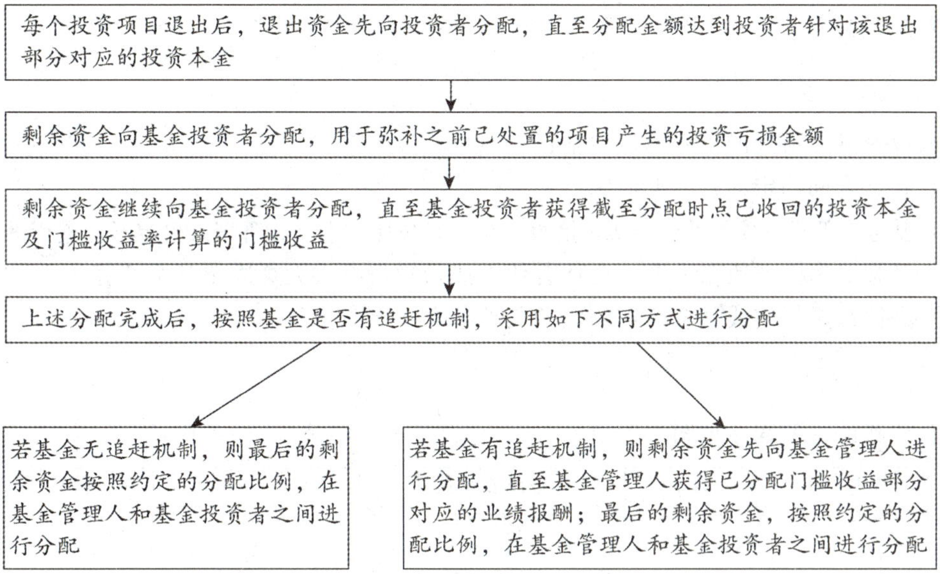

```
┌─────────────────────────────────────────────────────┐
│ 每个投资项目退出后，退出资金先向投资者分配，直至分配金额达到投资者针对该退出 │
│ 部分对应的投资本金                                     │
└─────────────────────────────────────────────────────┘
                          ↓
┌─────────────────────────────────────────────────────┐
│ 剩余资金向基金投资者分配，用于弥补之前已处置的项目产生的投资亏损金额         │
└─────────────────────────────────────────────────────┘
                          ↓
┌─────────────────────────────────────────────────────┐
│ 剩余资金继续向基金投资者分配，直至基金投资者获得截至分配时点已收回的投资本金   │
│ 及门槛收益率计算的门槛收益                              │
└─────────────────────────────────────────────────────┘
                          ↓
┌─────────────────────────────────────────────────────┐
│ 上述分配完成后，按照基金是否有追赶机制，采用如下不同方式进行分配            │
└─────────────────────────────────────────────────────┘
              ↓                                    ↓
┌──────────────────────────┐  ┌────────────────────────────────────┐
│ 若基金无追赶机制，则最后的剩  │  │ 若基金有追赶机制，则剩余资金先向基金管理人进 │
│ 余资金按照约定的分配比例，在  │  │ 行分配，直至基金管理人获得已分配门槛收益部分 │
│ 基金管理人和基金投资者之间进  │  │ 对应的业绩报酬；最后的剩余资金，按照约定的   │
│ 行分配                    │  │ 分配比例，在基金管理人和基金投资者之间进行分配 │
└──────────────────────────┘  └────────────────────────────────────┘
```

图 8-1　按照单一项目的收益分配方式具体分配流程

> **注意**
>
> 单一项目的收益分配方式下，在满足约定条件后，基金管理人针对每笔投资后退出收入都参与收益分配。在前期项目盈利并提取了业绩报酬而后期项目出现亏损的情况下，可能出现基金管理人已提取的业绩报酬金额超过基金整体盈利部分既定比例，或者基金投资者获取的投资收益不足门槛收益的情况。此时，可应用回拨机制，要求基金管理人退回部分或全部业绩报酬，保障基金投资者的利益。

2. 按照基金整体的收益分配方式

按照基金整体的收益分配方式具体分配流程见图 8-2。

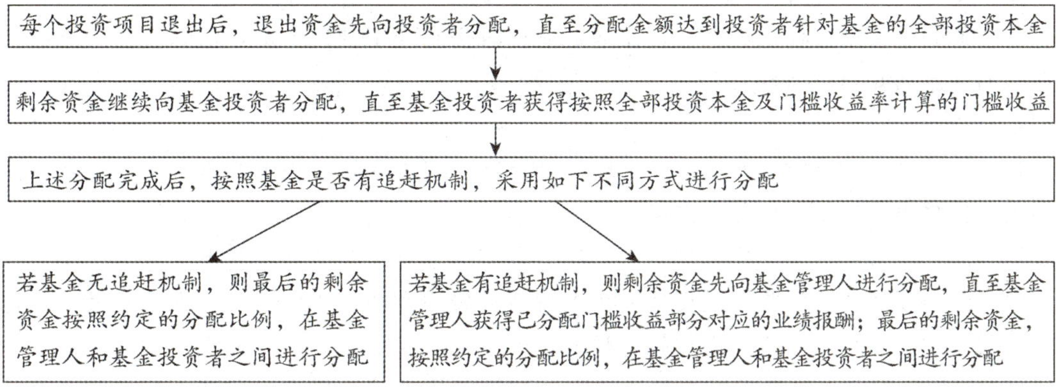

```
┌─────────────────────────────────────────────────────┐
│ 每个投资项目退出后，退出资金先向投资者分配，直至分配金额达到投资者针对基金的全部投资本金 │
└─────────────────────────────────────────────────────┘
                          ↓
┌─────────────────────────────────────────────────────┐
│ 剩余资金继续向基金投资者分配，直至基金投资者获得按照全部投资本金及门槛收益率计算的门槛收益 │
└─────────────────────────────────────────────────────┘
                          ↓
┌─────────────────────────────────────────────────────┐
│ 上述分配完成后，按照基金是否有追赶机制，采用如下不同方式进行分配            │
└─────────────────────────────────────────────────────┘
              ↓                                    ↓
┌──────────────────────────┐  ┌────────────────────────────────────┐
│ 若基金无追赶机制，则最后的剩余  │ 若基金有追赶机制，则剩余资金先向基金管理人进行分配，直至基金 │
│ 资金按照约定的分配比例，在基金  │ 管理人获得已分配门槛收益部分对应的业绩报酬；最后的剩余资金，  │
│ 管理人和基金投资者之间进行分配  │ 按照约定的分配比例，在基金管理人和基金投资者之间进行分配     │
└──────────────────────────┘  └────────────────────────────────────┘
```

图 8-2　按照基金整体的收益分配方式具体分配流程

二、基金清算

(一)基金清算的基本含义

股权投资基金的清算,是指在基金存续期限面临终止的情况下,负有清算义务的主体,按照法律法规规定和基金合同约定的方式、程序对基金的资产、负债、权益等进行全面的清理和处置的行为。

(二)基金出现清算的原因

股权投资基金清算的主要原因包括:

(1) 基金合同约定的存续期届满。

(2) 基金全部投资项目都已经实现清算退出,且按照约定基金管理人决定不再进行重复投资。

(3) 基金股东会或股东大会、全体合伙人或份额持有人大会决定基金清算。

(4) 法律法规规定或基金合同约定的其他基金清算事由。

(三)基金清算的主要程序

基金清算的主要程序见图 8-3。

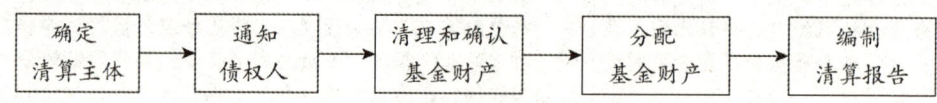

图 8-3 基金清算的主要程序

1. 确定清算主体

(1) 公司型股权投资基金的清算,应当成立清算组,并由清算组负责清算相关事宜。有限责任公司的清算组由股东组成,股份有限公司的清算组由董事或者股东大会确定的人员组成。逾期不成立清算组进行清算的,债权人可以申请人民法院指定有关人员组成清算组进行清算。

(2) 合伙型股权投资基金的清算由清算人负责。清算人由全体合伙人担任;经全体合伙人过半数同意,可以指定一个或者数个合伙人,或者委托第三人担任清算人。未确定清算人的,合伙人或者其他利害关系人可以申请人民法院指定清算人。

(3) 信托(契约)型股权投资基金的清算由清算小组负责。基金清算小组由基金管理人、基金托管人(若有)及相关人员组成。基金消算小组可以聘用必要的工作人员。

2. 通知债权人

公司型和合伙型股权投资资金,在基金清算时仍有未了结债务的,清算主体应当按照法律法规的规定通知相应债权人。

3. 清理和确认基金财产

在进行基金财产分配之前,需要清理基金财产。清算主体应当编制基金资产负债表及其他相关财务报表,然后制订分配方案。

4. 分配基金财产

(1) 公司型及合伙型股权投资基金在支付清算费用和职工工资、社会保险费用、法定补偿金以及缴纳所欠税款、清偿债务后的剩余财产,向基金投资者进行分配。

(2) 信托(契约)型股权投资基金先支付清算费用及其他应支付的费用后,剩余基金资产按照基金合同的约定向基金投资者进行分配。

5. 编制清算报告

清算结束后,清算主体应当编制清算报告,并履行相关通知及报备工作。

第五节 基金信息披露

一、基金信息披露概述

(一)信息披露的定义

股权投资基金的信息披露,是指相关信息披露义务人按照法律法规、自律规则的规定与基金合同的约定,在基金募集、投资、运营等一系列环节中,向基金投资者进行的信息披露行为。

(二)信息披露的作用

信息披露的作用见表8-8。

表8-8 信息披露的作用

作用	具体内容
有利于基金投资者作出理性判断	在基金的募集过程中,充分的信息披露可以向投资者阐明基金的风险收益特征、募集安排及其他基金重要信息,有利于基金投资者全面、客观地了解基金管理人和基金的基本情况,并结合自身投资偏好作出理性投资决策
有利于防范利益输送与利益冲突	在基金运作期间,基金管理人定期和不定期披露基金报告,有利于基金投资者了解基金的运作情况,改变基金投资者信息不对称的地位,增加基金运作的透明度,加强投资者的监督,防范利益冲突和利益输送
有利于促进股权投资基金市场的长期稳定	规范的基金信息披露制度,可以帮助基金管理人和基金投资者实现有效的信息互联互通,最大限度地减少信息不对称,为投资者提供良好的法律保障,有助于促进股权投资基金市场的长期稳定

(三)基金信息披露的原则

1. 披露内容上应遵循的原则

基金信息披露内容上应遵循的原则见表8-9。

表8-9 基金信息披露内容上应遵循的原则

原则	具体内容
及时性原则	定期报告披露时间不得超出法定或约定的时间;当基金的原有信息发生实质性变化或发生与投资者利益相关的重要事项时,信息披露的责任主体均应及时有效地向投资者披露重要事项的情况,使投资者及时地获取有效信息
真实性原则	基金信息披露需保障披露内容的真实性。这是基金信息披露最根本、最重要的原则。它要求披露的信息必须是客观事实,不能是经过扭曲或者粉饰的信息,必须反映基金的真实状态
准确性原则	准确性原则要求基金使用规范的语言及形式进行信息披露,避免由于内容或表达方式的不当而造成误解
完整性原则	完整性原则要求基金信息披露必须对所有与基金相关的重要事项进行披露,不得有选择性地披露,不得遗漏与基金投资者相关的重要事项
风险揭示原则	信息披露义务人必须向投资者充分披露基金的所有相关事项,充分揭示与基金投资运作相关的风险,使投资者在进行投资决策时充分了解基金产品的风险收益特征,避免由于信息不对称造成投资者对基金产品的风险情况缺乏全面了解而做出不理性的投资决策,造成投资者利益受损

续表

原则	具体内容
公平披露原则	基金信息披露必须确保对当前所有的基金持有人进行全面披露，不得只向特定的对象进行局部披露

2. 披露形式上应遵循的原则

披露形式上应遵循的原则见表8-10。

表8-10　披露形式上应遵循的原则

原则	具体内容
规范性原则	股权投资基金的信息披露，应当按照法律法规、自律规则规定和基金合同约定的内容和格式进行披露，从而保证披露信息的规范性
易解性原则	要求信息披露的表述应当简明扼要，通俗易懂
易得性原则	要求信息披露义务人应当采用比较便捷的披露渠道和方式向基金投资者进行信息披露

考点回顾　单项选择题

基金信息披露在披露内容上应遵循的原则不包括（　　）。

A. 及时性原则　　B. 完整性原则　　C. 风险揭示原则　　D. 规范性原则

【答案】D

【解析】选项D属于基金信息披露在披露形式上应遵循的原则。

二、基金信息披露的内容和安排

基金信息披露的内容和安排见表8-11。

表8-11　基金信息披露的内容和安排

项目		具体内容
信息披露义务人		是指股权投资基金管理人、股权投资基金托管人，以及法律、行政法规、中国证监会和中国证券投资基金业协会规定的负有信息披露义务的法人和其他组织
信息披露的内容	基金相关法律协议及募集推介材料	基金合同、托管协议以及募集推介材料等信息
	基金运作期间相关的重要信息	基金的投资情况、收益分配情况、基金资产负债情况、基金主要财务指标、其他与基金投资者权益相关的重要信息等
	其他应当披露的信息	
信息披露的安排	募集期间的信息披露	应当侧重于全面、完整、客观地披露基金重要信息，包括：基金的基本信息、募集期限、出资方式、基金承担的费用情况、收益分配方式等
	运作期间的定期披露	基金运作期间，信息披露义务人应当将基金报告期间的投资、运作情况以定期报告的形式向投资者进行信息披露。基金的定期报告包括季度报告和年度报告
		基金的定期报告包括：基金的基本信息、基金当事人以及相关服务机构的信息、基金已投资项目的基本情况、项目退出情况、基金会计数据和财务指标、利润分配情况、承担的费用情况、基金管理人报告信息等内容
	运作期间的临时披露	信息披露义务人应当将重大事项进行临时披露，重大事项包括：基金管理人和托管人发生重大事项变更、股权投资基金发生重大损失、管理费率或者托管费率变更、清盘或者清算、重大关联交易、提取业绩报酬等

考点回顾·单项选择题

信息披露义务人，指（　　），以及法律、行政法规、中国证券监督管理委员会和中国证券投资基金业协会规定的具有信息披露义务的法人和其他组织。

A. 股权投资基金管理人、股权投资基金托管人
B. 股权投资基金管理人
C. 股权投资基金托管人
D. 基金销售机构

【答案】A

第六节　基金托管

基金托管的具体内容见表8-12。

表8-12　基金托管

项目		具体内容
概念		基金托管是指具有托管业务资格的商业银行或者其他金融机构担任托管人，按照法律法规的规定及基金合同或托管协议的约定，对基金履行安全保管财产、开设基金资金账户、办理清算交割、复核审查资产净值、开展投资监督、召集基金份额持有人大会等职责的行为
作用		①基金托管制度对完善基金治理结构、提升基金运作专业化水平、保障基金资产的安全、保护基金投资者利益具有重要作用。托管人的引入，可以对基金管理人形成制衡，从而有利于形成更为有效的基金治理结构。②基金托管人在资产保管、账户管理、基金估值、投资监督等方面具有较高的专业能力，有利于提升股权投资基金运作的专业化水平。③基金托管人安全保管基金资产、复核基金管理人的估值结果、对管理人的投资行为进行监督等，起到保护投资者利益的作用
基本原则	合规性原则	在协议约定的托管权限范围内，根据国家法律法规规定和基金合同的要求履行托管职责
	安全性原则	妥善保管基金资产，确保托管资产的安全和完整
	独立性原则	将基金资产与其他资产以及托管人自有资产严格分离保管，为基金单独建账、独立核算
	保密性原则	严守基金商业秘密，除法律法规及相关约定外，不得以任何形式泄露或公开基金资产的状况和投资运作情况
服务内容	资产保管	是指股权投资基金托管的基础服务，也是托管人的首要职责。基金托管人应当按规定独立、完整、安全地保管所托管基金的财产，保证基金财产的安全完整
		现金类资产，通常保存在托管人为基金开立的托管账户中实现资产保管；非现金类资产，通过保存股权凭证或权利证明文件等方式履行资产保管职责
		基金托管人必须将基金资产与其自有资产，以及不同基金的资产严格隔离。不同基金之间在账户设置、资金划拨、账册记录等方面应完全独立，实行专户、专人管理
	账户管理	基金托管人按照法规定及合同约定负责开立并管理基金资产账户，通常包括基金托管账户（结算账户）以及投资交易可能用到的其他账户等
	资金清算	托管人应严格按照基金管理人的投资指令、资金划拨指令等及时办理资金清算
		基金托管人没有自行运用、处分、分配基金财产的权利

续表

项目		具体内容
服务内容	投资监督	监督基金管理人的投资运作是否符合法律法规和基金合同的规定，包括基金投资范围、投资对象、投资比例及基金投资禁止行为的监督
	会计核算	基金托管人与管理人分别独立进行账簿设置、账套管理、账务处理、基金净值计算，托管人对管理人的核算结果进行复核，核对内容主要包括：基金账务、基金头寸、资产净值、财务报表、基金费用与收益分配等
	基金估值	基金托管人应当对基金管理人的估值核算结果进行复核
	信息披露	基金托管人就托管资产运营情况向基金管理人进行信息通告或发布，定期提交基金托管报告，主要内容包括但不限于：股权投资基金托管资产运作情况、托管人应承担的托管职责履行情况等
		基金托管人应对基金管理人编制的基金定期报告中与基金托管人相关的内容进行复核确认，其中包括主要财务指标、投资收益分配和损失承担情况等
托管资格的获取		基金托管人必须由独立于基金管理人并具有一定资质的商业银行、证券公司等金融机构担任。在我国，由中国证监会、中国银监会等监管机构负责基金托管资格的核准。商业银行和其他金融机构申请基金托管资格，通常需要在资本资产、组织机构设置和人力资源配备、业务系统、风险管理等方面满足一定的条件

拓展链接

（1）公募基金强制要求托管。

（2）非公开募集基金的股权投资基金并未强制要求托管，全体投资者和基金管理人可以在基金合同中约定不进行托管，但应当在基金合同中明确保障基金财产安全的措施和纠纷解决机制。

（3）在不进行托管的情况下，股权投资基金可以选择资产保管机构作为基金管理人的代理人，对基金资产承担保管职责。

★ 考点回顾 单项选择题

股权投资基金托管机构要履行的职责不包括（　　）。

A. 安全保管财产 　　　　　　　　B. 办理银行账户
C. 复核审查资产净值 　　　　　　D. 开展投资监督

【答案】B

【解析】股权投资基金托管，是指有依法设立并取得基金托管资格的商业银行或者其他金融机构担任托管人，按照法律法规的规定及基金合同的约定，对基金履行安全保管财产、开设基金资金账户、办理清算交割、复核审查资产净值、开展投资监督、召开基金份额持有人大会等职责的行为。

第七节　基金服务业务

一、基金服务业务的发展背景

基金服务业务的发展背景包括以下几项。

（1）基金服务业务是基金管理行业发展到一定阶段的产物，是市场竞争与基金管理人专

业化经营的现实需求。主要体现在:

1) 随着股权投资基金行业的发展,基金产品的设计越来越创新,基金投资的品种也越来越复杂,基金管理人需要投入大量的资源到基金的运用管理业务中。

2) 股权投资基金管理人的核心竞争力在于投资研究,应当将资源投入到投研领域,增强投资管理能力,提升核心竞争力。

(2) 2012年修订的《证券投资基金法》首次提出了基金服务机构的概念,同时包括股权投资基金在内的私募投资基金也具有了正式的法律地位。随着在中国证券投资基金业协会登记的私募基金管理人数量不断增多,备案的私募基金产品数量也不断增长。由于私募基金管理人大多不具备专属的中后台运营业务团队和业务系统,因而有着强烈的基金服务业务需求。

(3) 为了规范基金服务业务的发展,引导基金管理人在合法经营、规范运作的基础上专注于投研业务能力进一步发展壮大,中国证券投资基金业协会发布了基金服务业务的相关指引文件,标志着基金服务行业走上了新的发展台阶。

二、基金服务业务的服务内容

基金服务业务,是指基金管理人将基金运作管理过程中部分支持性业务委托给基金服务机构的业务模式。

基金服务业务的服务内容见表8-13。

表8-13 基金服务业务的服务内容

服务内容	具体内容
基金募集服务	是指基金服务机构代理基金管理人宣传推介股权投资基金,发售基金份额,办理基金参与、退出等活动
	对基金服务机构的要求:①取得相应的业务资质;②签订书面代销协议
投资顾问服务	是指投资顾问接受客户委托,按照约定,向客户提供投资建议服务,辅助客户作出投资决策,并直接或间接获取经济利益的经营活动
	对基金服务机构的要求:①应当符合法律法规、监管机构规定的条件;②签订委托协议
份额登记服务	是指基金服务机构代理基金管理人为股权投资基金办理基金份额登记过户、存管、结算等活动
	基本职责包括:建立并管理投资者的基金账户、负责基金份额的登记及资金结算、基金交易确认、代理发放红利、保管投资者名册、法律法规或服务协议规定的其他职责
估值核算服务	是指基金服务机构代理基金管理人办理基金估值、会计核算等活动
	基本职责包括:开展基金会计核算、估值、报表编制,相关业务资料的保存管理,配合基金管理人聘请的会计师事务所进行审计,以及法律法规及服务协议规定的其他职责
信息技术系统服务	是指基金服务机构为基金管理人、基金托管人和其他基金服务机构提供基金业务核心应用系统、信息系统运营维护及安全保障等服务

三、基金服务业务中基金管理人应承担的责任

基金服务业务中基金管理人应当承担的责任主要体现在以下方面。

(一) 基金管理人开展基金服务业务前的准备工作

(1) 对基金服务机构开展尽职调查,了解人员储备、业务隔离措施、软硬件设施、专业能力、诚信状况等。

(2) 与基金服务机构签订书面服务协议,明确双方的权利义务及违约责任。

(二)基金管理人开展基金服务业务时的持续评估

(1) 应当建立对基金服务机构的持续评估机制。
(2) 定期对基金服务机构的业务开展情况进行检查。

> **注意**
> 基金管理人依法应当承担的职责不能因为委托而免除。

四、基金服务业务中可能存在的利益冲突

基金管理人应关注基金服务机构是否存在与提供基金服务相冲突的业务,以及是否采取了有效的隔离措施。

基金服务机构应该强化基金服务业务的独立性要求,采取有效的内控与隔离措施保障基金服务业务独立运营,防范利益冲突和输送。具体要求包括下列几个方面。

(1) 基金服务业务所涉及的基金财产和投资者财产应当独立于基金服务机构的自有财产。基金服务机构破产或者清算时,基金服务业务所涉及的基金财产和投资者财产不属于其破产或清算财产。

(2) 基金服务机构应当对提供服务业务所涉及的基金财产和投资者财产实行严格的分账管理,确保基金财产和投资者财产的安全,任何单位或者个人不得以任何形式挪用基金财产和投资者财产。

(3) 基金托管人不得被委托担任同一基金的基金服务机构,除非该托管人能够将其托管职能和基金服务职能进行分离,恰当地识别、管理、监控潜在的利益冲突,并披露给投资者。

(4) 基金服务机构应当具备开展服务业务的营运能力和风险承受能力,审慎评估基金服务的潜在风险与利益冲突,建立严格的防火墙制度与业务隔离制度,有效执行信息隔离等内部控制制度,切实防范利益输送。

第八节 基金业绩评价

一、基金业绩评价的意义

基金业绩评价的意义主要包括以下两个方面。

(1) 对基金投资者而言,了解股权投资基金管理人过去的历史业绩,是选择基金产品的重要参考依据之一。通过对当前已投资基金的业绩进行横向比较,有利于投资者了解已投资基金在市场上的业绩水平,并对未来的回报水平进行一定的远期预测。

(2) 对股权投资基金管理人而言,对所管理的股权投资基金进行业绩评价,能够使管理人了解基金运营状况和可能存在的问题,有利于管理人有针对性地开展投资组合的投资后管理工作,并对投资策略进行调整和完善。

二、基金业绩评价需考虑的因素

基金业绩评价需要考虑的因素主要包括以下两项。

(一)投资领域因素

不同投资领域的股权投资基金由于其投资标的特点不同,因而使其业绩评价也存在较大差异。进行基金业绩比较时,应该考虑投资领域的不同而采取不同的对标基准。

（二）时间因素

基金在不同时点进行业绩评价可能会得到非常不同的结果。因此，对股权投资基金的业绩进行比较时应考虑以下方面。

(1) 基金设立的时间应尽量接近。
(2) 业绩评价的时间应尽量统一。

三、内部收益率

内部收益率（IRR），是指截至某一特定时点，倒推计算至基金成立后第一笔现金流产生时，基金资金流入现值加上资产净值现值总额与资金流出现值总额相等，即净现值（NPV）等于零时的折现率。内部收益率体现了投资资金的时间价值。

内部收益率的计算，往往是在基金处于退出期后，根据截至某一确定时点基金在存续期内每年的投资经营现金流（不含投资人的出资及分配），以及该时点的资产净值（NAV），算回期初净现值等于零时相应的折现率。计算公式为：

$$NPV = C_0 + \frac{C_1}{1+r} + \frac{C_2}{(1+r)^2} + \cdots + \frac{C_n}{(1+r)^n} + \frac{NAV}{(1+r)^n}$$
$$= \sum_{t=0}^{n} \frac{C_t}{(1+r)^t} + \frac{NAV}{(1+r)^n}$$

其中：C_0，C_1，C_2，$\cdots$，C_n 为每年现金流，既包含正现金流，也包含负现金流；r 为折现率。根据内部收益率的定义，当且仅当净现值为 0 时，r 才是该基金在第 n 年时的内部收益率。

由于计算口径的不同，基金的内部收益率又分为毛内部收益率（GIRR）和净内部收益率（NIRR）。其中：前者一般为计算基金项目投资和回收现金流的内部收益率，反映基金投资项目的回报水平；后者一般为计算投资者出资和分配现金流的内部收益率，反映投资者投资基金的回报水平。

注意

毛内部收益率和净内部收益率两者之间的主要差别在于净内部收益率是在毛内部收益率基础上考虑了基金费用和管理人业绩报酬对投资者现金流的影响。从基金角度看，基金费用和管理人业绩报酬一般为负现金流，因此，GIRR＞NIRR。

考点回顾 单项选择题

下列说法错误的是（　　）。
A. 基金的内部收益率分为毛内部收益率（GIRR）和净内部收益率（NIRR）
B. GIRR 一般为计算基金项目投资和回收现金流的内部收益率
C. NIRR 一般为计算投资者出资和分配现金流的内部收益率
D. GIRR 小于 NIRR

【答案】D
【解析】由于基金费用一般为负现金流，因此 GIRR 大于 NIRR。

四、已分配收益倍数

已分配收益倍数（DPI），是指截至某一特定时点，投资人已从基金获得的分配金额总和与投资人已向基金缴款金额总和的比率，体现了投资人现金的回收情况。计算公式为：

$$DPI = \frac{D_0 + D_1 + D_2 + \cdots + D_n}{PI_0 + PI_1 + PI_2 + \cdots + PI_n} = \frac{\sum_{t=0}^{n} D_t}{\sum_{t=0}^{n} PI_t}$$

其中：$D_0, D_1, D_2, \cdots, D_n$ 为投资人历年从基金获得的分配额，$PI_0, PI_1, PI_2, \cdots, PI_n$ 为投资人历年向基金支付的实缴出资额，均为正数。DPI 等于 1 是损益平衡点，代表成本已经收回；大于 1 说明投资者获得超额收益；小于 1 说明还没有收回所有成本；如果没有任何分红的话，DPI 等于 0。

考点回顾 单项选择题

某投资者投资 A 基金 10 万元，现获得现金分红 20 000 元，则已分配收益倍数为（ ）。

A. 0.200　　　　B. 0.025　　　　C. 0.500　　　　D. 0.300

【答案】A

【解析】DPI＝投资人所获得现金分红/已投资资本＝20 000/100 000＝0.200。

五、总收益倍数

总收益倍数（TVPI），是指截至某一特定时点，投资人已从基金获得的分配金额加上资产净值（NAV）与投资人已向基金缴款金额总和的比率，体现了投资人的账面回报水平。计算公式为：

$$TVPI = \frac{D_0 + D_1 + D_2 + \cdots + D_n + NAV}{PI_0 + PI_1 + PI_2 + \cdots + PI_n} = \frac{\sum_{t=0}^{n} D_t + NAV}{\sum_{t=0}^{n} PI_t} = DPI + \frac{NAV}{\sum_{t=0}^{n} PI_t}$$

其中：$D_0, D_1, D_2, \cdots, D_n$ 为投资人历年从基金获得的分配额，$PI_0, PI_1, PI_2, \cdots, PI_n$ 为投资人历年向基金支付的实缴出资额，均为正数。

拓展链接

已分配收益倍数和总收益倍数都是站在投资者的角度来评价股权投资基金的，更看重对应其出资的回报情况。许多股权投资基金所投资企业的阶段性业绩增长或行业投资热度提高而可能产生较高的估值，但由于当前受限无法退出或后期退出时企业估值下降，基金最终实际取得的回报小于先前的估值。这种情况多在投资早期项目的基金发生，为此投资者需结合已分配收益倍数和总收益倍数进行基金业绩的评价。

考点回顾 单项选择题

关于总收益倍数（TVPI），以下说法正确的是（ ）。

A. TVPI 反映了投资资金的时间价值
B. 对同一项目同一特定时点，TVPI 可能小于 DPI
C. TVPI 反映了投资人的账面回报水平
D. TVPI 体现了投资人现金的回收情况

【答案】C

【解析】总收益倍数（TVPI），是指截至某一特定时点，投资人已从基金获得的分配金额加上资产净值（NAV）与投资人已向基金缴款金额总和的比率，体现了投资人的账面回报水平。

第九节 基金管理人内部控制

一、管理人内部控制的概述

管理人内部控制的概述见表 8-14。

表 8-14 管理人内部控制的概述

项目		具体内容
概念		股权投资基金管理人内部控制是指股权投资基金管理人为防范和化解风险，保证各项业务的合法合规运作，实现经营目标，在充分考虑内外部环境的基础上，对经营过程中的风险进行识别、评价和管理的制度安排、组织体系和控制措施
		基金管理人的内部控制要求部门设置体现权责明确、相互制约的原则，包括：①严格授权控制；②建立完善的岗位责任制度和科学、严格的岗位分离制度；③严格控制基金财产的财务风险；④建立完善的信息披露制度；⑤建立严格的信息技术系统管理制度；⑥强化内部监督稽核和风险管理系统
作用	保证管理人经营运作严格遵守国家有关法律法规和行业监管规则，自觉形成守法经营、规范运作的经营思想和经营理念	内部控制系统的目标是促进组织目标的实现，所有的组织活动和控制行为必须以促进实现组织的最高目标为依据。内部控制系统必须保证基金管理人遵循各项相关的法律法规和行业监管规则，引导所有员工形成自觉的规范运作理念。基金管理人必须服从法律法规、职业道德规则以及利益相关方之间的竞争因素等所施加的外部控制
	防范和化解经营风险，提高经营管理效益，确保经营业务的稳健运行和受托资产的安全完整，实现公司的持续、稳定、健康发展	风险有外部风险和内部风险。外部风险主要来自法律法规、经济、社会、文化与自然等方面。内部风险主要来自决策失误、执行不力、操作风险等。在风险评估的基础上，基金管理人通过加强内部控制，建立风险防范机制，主要内容包括：建立企业风险评估机构，制定防范或规避风险的措施，建立风险信息反馈机制，制定防范风险的奖惩制度等
	保障股权投资基金财产的安全、完整	在基金运营过程中，基金管理人以及项目负责人可能利用信息不对称发生道德风险和逆向选择，从而使基金财产遭受损失。为了防止上述风险的发生，基金管理人需要建立有效的内部控制机制来规避上述风险的产生，保障股权投资基金财产的安全
	确保基金和基金管理人的财务和其他信息真实、准确、完整、及时	基金管理人的决策受制于内部运作信息，没有完备的内部控制便不能保证信息的质量。内部控制系统必须与确保信息收集、处理和报告正确性的控制相联系。基金及其管理人的财务信息真实、准确、完整、及时，既是基金管理人内部控制的基本目标，又是企业内部控制基本的、非常重要的手段，财务信息正是通过真实、完整的会计资料的记录、汇总、报告等手段，实现其对公司经营管理责任的落实、对公司财产及业务活动实施监督管理职能的
原则	全面性原则	内部控制应当覆盖包括各项业务、各个部门和各级人员，并涵盖资金募集、投资研究、投资运作、运营保障和信息披露等主要环节
		基金管理人内部控制必须覆盖所有人员，要求各部门之间、人员之间应相互配合、协调同步、紧密衔接，避免只注重相互牵制而降低效率的做法
	相互制约原则	组织结构应当权责分明、相互制约
		相互制约须专虑横向控制和纵向控制两方面的制约关系。横向控制——完成某个重要环节的工作需由来自彼此独立的两个平行部门或人员协调运作、相互监督、相互制约、相互证明。纵向控制——完成某个工作需经过两个或两个以上的纵向岗位和环节，以使下级受上级监督，上级受下级牵制

续表

项目		具体内容
原则	执行有效原则	通过科学的内控手段和方法,建立合理的内控程序,维护内控制度的有效执行
		内部控制的有效性是指内部控制必须讲求效率和效果,所有的控制制度必须得到贯彻执行
		内部控制的有效性包含的含义:①基金管理人所实施的内部控制政策与措施能否适应基金监管的法律法规要求;②基金管理人内部控制在设计完整、合理的前提下,在基金管理的运作过程中,能够得到持续的贯彻执行并发挥作用,为实现提高公司经营效率、财务信息的可靠性和法律法规的遵守提供合理保证
	独立性原则	各部门和岗位职责应当保持相对独立,基金财产、管理人固有财产、其他财产的运作应当分离
		岗位职责主要解决的是不相容职务的分离,在设置岗位时必须考虑到授权岗位和执行岗位的分离、执行岗位和审核岗位的分离、保管岗位和记账岗位的分离等,通过不相容职责的划分,保证各部门和人员之间的独立性,防止员工的"合谋"舞弊行为
		基金管理人必须建立不同资产运作的控制程序,提高相关岗位运作的独立性,防范可能出现的利益输送和利益冲突
	成本效益原则	以合理的成本控制达到最佳的内部控制效果,内部控制与股权投资基金管理人的管理规模和员工人数等方面相匹配,契合自身实际情况
		基金管理人是商业组织,需要综合考虑成本与收益
		对在业务处理过程中发挥作用大、影响范围广的关键控制点(如投资、研究和交易)应进行严格控制;对只在局部发挥作用影响特定范围的一般控制点只要能起到监控作用即可,不必花费大量的人力物力进行控制
		控制点设定的数量需根据实际情况,科学设立,力争以最小的控制成本获取最大的内控效果
	适时性原则	股权投资基金管理人应当定期评价内部控制的有效性,并随着有关法律法规的调整和经营战略、方针、理念等内外部环境的变化同步适时修改或完善
		针对管理人组织体系内的变化,需要重新评估内部控制体系是否仍然能够满足变化后的内部控制要求,否则需进行完善以保证内部控制的有效性。面对外部环境的变化,如投资领域的政策方针、监管要求、法律法规等发生调整,基金管理人的内部控制必须同步按要求调整

考点回顾 单项选择题

以下属于管理人内部控制作用的是( )。

Ⅰ. 防范和化解经营风险,提高经营管理效益

Ⅱ. 确保经营业务的稳健运行和受托资产的安全完整,实现公司的持续、稳定、健康发展

Ⅲ. 保障股权投资基金财产的安全、完整

Ⅳ. 确保基金和基金管理人的财务和其他信息真实、准确、完整、及时

A. Ⅰ、Ⅱ、Ⅲ、Ⅳ　　B. Ⅱ、Ⅲ、Ⅳ　　C. Ⅰ、Ⅱ、Ⅲ　　D. Ⅰ、Ⅲ、Ⅳ

【答案】A

【解析】管理人内部控制的作用主要包括:①保证管理人经营运作严格遵守国家有关法律法规和行业监管规则,自觉形成守法经营、规范运作的经营思想和经营理念;②防范和化解经营风险,提高经营管理效益,确保经营业务的稳健运行和受托资产的安全完整,实现公司的持续、稳定、健康发展;③保障股权投资基金财产的安全、完整;④确保基金和基金管理人的财务和其他信息真实、准确、完整、及时。

二、管理人内部控制的要素构成

管理人内部控制的要素构成见表8-15。

表 8-15 管理人内部控制的要素构成

构成要素	具体内容
内部环境	(1) 基金管理人的管理层应当牢固树立内控优先和风险管理理念，培养全体员工的风险防范意识 (2) 基金管理人应通过内部控制杜绝不正当关联交易、利益输送和内部人控制现象的发生 (3) 基金管理人的组织结构应当体现职责明确、相互制约的原则 (4) 公司应当建立决策科学、运营现范、管理高效的运行机制
风险评估	(1) 基金管理人应当建立科学严密的风险评估体系，对公司内外部风险进行识别、评估和分析，及时防范和化解风险 (2) 基金管理人应大力运用现代信息科技，促进风险管理的现代化
控制活动	基金管理人应通过授权控制来控制业务活动的运作，授权控制应当贯穿于管理人经营活动的始终，授权控制的主要内容包括： (1) 股东会、董事会、监事会和管理层应当充分了解和履行各自的职权，建立健全公司授权标准和程序，确保授权制度的贯彻执行 (2) 各业务部门、分支机构和员工应当在规定授权范围内行使相应的职责 (3) 重大业务的授权应当采取书面形式，授权书应当明确授权内容和时效 (4) 授权要适当，对已获授权的部门和人员应建立有效的评价和反馈机制，对已不适用的授权应及时修改或取消
信息与沟通	(1) 基金管理人应当维护信息沟通渠道的畅通，建立清晰的报告系统 (2) 管理层有责任保证所有员工得到充分、最新的规章制度以及应该得知的信息 (3) 管理人应定期与员工沟通，以保证他们及时知悉公司的战略方向、经营方针、近期目标和长期目标等 (4) 在公司管理和基金运作中各部门应保持各自独立向管理层报告的渠道
内部监督	(1) 基金管理人应当建立有效的内部监控制度，设置专职负责合规风控的高管，对公司内部控制制度的执行情况进行持续的监督，保证内部控制制度落实 (2) 管理人应当定期评价内部控制的有效性，根据市场环境、新的金融工具、新的技术应用和新的法律法规等情况适时改进

注意

(1) 内部环境包括经营理念和内控文化、治理结构、组织结构、人力资源政策和员工道德素质等。这是实施内部控制的基础。

(2) 对于风险评估，及时识别、系统分析经营活动中与内部控制目标相关的风险，合理确定风险应对策略。

(3) 对于控制活动，根据风险评估结果，采用相应的控制措施，将风险控制在可承受范围内。

(4) 对于信息与沟通，及时、准确地收集、传递与内部控制相关的信息，确保信息在内部、企业与外部之间进行有效沟通。

(5) 对于内部监督，对内部控制建设与实施情况进行周期性监督检查，评价内部控制的有效性，发现内部控制缺陷或因业务变化导致内控需求有变化的，应当及时加以改进、更新。

考点回顾 | 单项选择题

管理人内部控制的要素构成主要包括（　　）。

Ⅰ．内部环境　　　　　　　　　　　　Ⅱ．风险评估
Ⅲ．控制活动　　　　　　　　　　　　Ⅳ．信息与沟通

A．Ⅰ、Ⅱ、Ⅲ　　　　　　　　　　　B．Ⅱ、Ⅲ、Ⅳ
C．Ⅰ、Ⅱ、Ⅳ　　　　　　　　　　　D．Ⅰ、Ⅱ、Ⅲ、Ⅳ

【答案】D

【解析】管理人内部控制的要素构成主要包括：①内部环境；②风险评估；③控制活动；④信息与沟通；⑤内部监督。

三、管理人内部控制的主要控制活动要求

管理人内部控制应从业务流程控制、授权控制、募集控制、财产分离制度、防范利益冲突、投资业务控制、托管控制、外包控制、信息系统控制和会计系统控制等具体方面进行规范。

（一）业务流程控制

私募基金管理人应当建立科学严谨的业务操作流程，利用部门分设、岗位分设、外包、托管等方式实现业务流程的控制。

（二）授权控制

授权控制应当贯穿于私募基金管理人资金募集、投资研究、投资运作、运营保障和信息披露等主要环节的始终。私募基金管理人应当建立健全授权标准和程序，确保授权制度的贯彻执行。

（三）募集控制

私募基金管理人自行募集私募基金的，应设置有效机制，切实保障募集结算资金安全；私募基金管理人应当建立合格投资者适当性制度。

私募基金管理人委托募集的，应当委托获得中国证监会基金销售业务资格且成为中国证券投资基金业协会会员的机构募集私募基金，并制定募集机构遴选制度，切实保障募集结算资金安全，确保私募基金向合格投资者募集以及不变相进行公募。

（四）财产分离制度

私募基金管理人应当建立完善的财产分离制度，私募基金财产与私募基金管理人固有财产之间、不同私募基金财产之间、私募基金财产和其他财产之间要实行独立运作，分别核算。

（五）防范利益冲突

私募基金管理人应建立健全相关机制，防范管理的各私募基金之间的利益输送和利益冲突，公平对待管理的各私募基金，保护投资者利益。

（六）投资业务控制

私募基金管理人应当建立健全投资业务控制，保证投资决策严格按照法律法规规定，符

合基金合同所规定的投资目标、投资范围、投资策略、投资组合和投资限制等要求。

(七) 托管控制

除基金合同另有约定外，私募基金应当由基金托管人托管，私募基金管理人应建立健全私募基金托管人遴选制度，切实保障资金安全。基金合同约定私募基金不进行托管的，私募基金管理人应建立保障私募基金财产安全的制度措施和纠纷解决机制。

(八) 外包控制

私募基金管理人开展业务外包应制定相应的风险管理框架及制度。私募基金管理人根据审慎经营原则制定其业务外包实施规划，确定与其经营水平相适宜的外包活动范围。

私募基金管理人应建立健全外包业务控制，并至少每年开展一次全面的外包业务风险评估。在开展业务外包的各个阶段，关注外包机构是否存在与外包服务相冲突的业务，以及外包机构是否采取有效的隔离措施。

(九) 信息系统控制和会计系统控制

私募基金管理人自行承担信息技术和会计核算等职能的，应建立相应的信息系统和会计系统，保证信息技术和会计核算等的顺利运行。

考点回顾 单项选择题

私募基金管理人应当建立完善的财产分离制度，私募基金财产与私募基金管理人固有财产之间、不同私募基金财产之间、私募基金财产和其他财产之间要实行（　　）。

A. 合并运作、分别核算
B. 合并运作、合并核算
C. 独立运作、合并核算
D. 独立运作、分别核算

【答案】D

【解析】私募基金管理人应当建立完善的财产分离制度，私募基金财产与私募基金管理人固有财产之间、不同私募基金财产之间、私募基金财产和其他财产之间要实行独立运作，分别核算。

股权投资基金的政府管理

本章共包含四个小节。

第一节主要讲述了政府管理的历史演变过程、主体及各自的管理内容。

第二节主要讲述了政府管理的法律依据,对投资管理人、合格投资者、投资人数、服务机构的基本要求,募集规则、禁止性行为、信息披露等相关标准,跨境投资的相关制度以及可能涉及的刑事犯罪种类。

第三节主要讲述了政府管理的调查手段与处理方式等相关内容。

第四节主要讲述了对创业投资基金的主要政策支持。

知识结构

- **股权投资基金的政府管理**
  - 政府监管概述
    - 历史演变过程
    - 管理主体及内容
  - 政府管理的主要内容
    - 法律依据
    - 对基金管理人的基本要求 — 身份标识、专业化运营、注册资本、办公场所、高管及从业人员要求、内部治理结构、业务环境的管理制度、加强管理
    - 合格投资者标准
    - 投资人数限制
    - 募集规则
    - 禁止性行为（15条）
    - 信息披露
    - 服务机构的基本要求 — 基金销售机构、基金投资顾问、从事基金服务业务的机构、律师事务所、会计师事务所的基本要求
    - 境外投资者的相关制度 — 对外商的管理、QFLP试点、外商投资的有限合伙
    - 跨境投资监管
      - 境外股权投资基金境内投资
      - 境内股权投资基金境外投资
    - 合规运营与非法集资的界限
    - 可能涉及的刑事犯罪 — 非法吸收公众存款罪，集资诈骗罪，非法经营罪，擅自发行股票或者公司、企业债券罪，虚假广告罪
  - 政府管理的形式与手段
  - 对创业投资基金的政策支持
    - 税收优惠政策 — 公司型创业投资基金、有限合伙型创业投资基金、创业投资企业和天使投资个人
    - 财政引导基金
    - 国有股转持豁免政策
    - 促进创业投资发展的政策措施 — "创投国十条"

第一节 政府监管概述

一、政府管理的历史演变过程

政府管理的历史演变过程见表9-1。

表9-1 政府管理的历史演变过程

时间	具体内容
2001年8月	对外贸易经济合作部、科学技术部、国家工商行政管理总局率先颁布《关于设立外商投资创业投资企业的暂行规定》,对外商投资创业投资企业进行规范和管理
2003年2月	对外贸易经济合作部、科学技术部、国家工商行政管理总局、国家税务总局、国家外汇管理局共同颁布《外商投资创业投资企业管理规定》(后于2015年修订),对外商投资创业投资企业进行进一步规范和管理
2005年11月	经国务院批准,国家发展改革委、科技部、财政部、商务部、中国人民银行、国家税务总局、国家工商行政管理总局、中国银监会、中国证监会、国家外汇管理局十部委联合发布《创业投资企业管理暂行办法》。该办法明确国家对创业投资企业实行备案管理,备案管理部门分国务院管理部门和省级(含副省级城市)管理部门两级,国务院管理部门为国家发展改革委
2007年2月（税收支持）	《财政部、国家税务总局关于促进创业投资企业发展有关税收政策的通知》发布,通知明确,创业投资企业采取股权投资方式投资于未上市中小高新技术企业2年以上(含2年),凡符合条件的,可按其对中小高新技术企业投资额的70%抵扣该创业投资企业的应纳税所得额。2017年4月,财税部门还就创业投资企业和天使投资人投资初创期科技型企业出台了试点政策
2008年10月（引导基金规范发展）	国务院办公厅发布国家发展改革委、财政部、商务部制定的《关于创业投资引导基金规范设立与运作的指导意见》
2011年8月（引导基金规范发展）	财政部、国家发展改革委发布《新兴产业创投计划参股创业投资基金管理暂行办法》
2010年10月（国有股转持豁免）	财政部、国务院国资委、中国证监会、全国社保基金会《关于豁免国有创业投资机构和国有创业投资引导基金国有股转持义务有关问题的通知》发布,豁免国有创业投资机构和国有创业投资引导基金国有股转持义务,从转持豁免政策上支持创业投资企业的发展
2011年11月	国家发展改革委发布《国家发展改革委办公厅关于促进股权投资企业规范发展的通知》,明确了股权投资(基金)企业的运作规范和备案监管制度
2013年6月1日	修订后的《证券投资基金法》施行,该法对非公开募集基金做了原则性的规定,并授权国务院证券监督管理机构细化监管
2013年6月	中央机构编制委员会办公室印发《关于私募股权基金管理职责分工的通知》,明确股权投资基金的监督管理由中国证监会负责
2014年8月	中国证监会发布《私募投资基金监督管理暂行办法》,该办法自发布之日起施行。同时,《证券投资基金法》授权基金行业协会开展自律管理

> **注意**
>
> (1)《创业投资企业管理暂行办法》是第一部对创业投资企业进行系统规范的国务院部门规章,经国务院批准、十部委联合发布,使其具有较高效力层级和影响力。该法定义了创业投资和创业企业:①创业投资,是指向创业企业进行股权投资,以期所投资创业企业发育成熟或相对成熟后主要通过股权转让获得资本增值收益的投资方式;②创业企业,是指在中华人民共和国境内注册设立的处于创建或重建过程中的成长性企业。
>
> (2)《创业投资企业管理暂行办法》明确了创业投资企业存在组织形式以及创业投资企业与其管理人之间的法律关系。
>
> (3)《创业投资企业管理暂行办法》对创业投资企业的经营范围、闲置资金的使用、组合投资要求、管理费和业绩报酬的支付进行了规定。该办法明确要求创业投资企业存续期限最短不得短于7年。允许创业投资企业可以在法律规定的范围内通过债权融资方式增强投资能力。

二、政府管理主体以及各主体的管理内容

政府管理主体以及各主体的管理内容见表9-2。

表9-2 政府管理主体以及各主体的管理内容

政府管理主体	管理内容
中国证监会	中国证监会是股权投资基金的监督管理部门,是国务院直属正部级事业单位,依照法律、法规和国务院授权,统一监督管理全国证券期货市场,维护证券期货市场秩序,保障其合法运行
中国证监会私募基金监管部	(1)拟定监管私募投资基金的规则、实施细则 (2)拟定私募投资基金合格投资者标准、信息披露规则等 (3)负责私募投资基金的信息统计和风险监测工作 (4)组织对私募投资基金开展监督检查 (5)牵头负责私募投资基金风险处置工作 (6)指导协会和会管机构开展备案和服务工作 (7)负责私募投资基金的投资者教育保护、国际交往合作等工作
中国证监会各地证监局	中国证监会各地证监局作为中国证监会的派出机构,在股权投资基金事中事后监管中也发挥重要作用。证监局的监管,主要是对辖区内股权投资基金及市场服务机构进行统计、监测、检查,并和地方政府合作打击非法集资行为
工商行政管理部门	承担公司型和合伙型股权投资基金的工商登记职责
财政部和国家发展改革委	承担政府投资基金的管理和规范工作
商务部和国家外汇管理局	对跨境股权投资基金活动承担相应监管职责
财政部和国家税务总局	负责股权投资基金相关的税收政策管理
国务院国资委和各地方国资委	分别负责中央和地方国有企业参与股权投资基金的监督管理
公安机关、人民检察院、人民法院	在打击利用股权投资基金的名义进行非法集资活动方面发挥重要作用

拓展链接

自私募基金划归中国证监会监管后,中国证监会已于2014年、2015年、2016年、2017年组织各地证监局开展了四次大规模私募基金现场检查活动。

第二节 政府管理的主要内容

一、政府监管的法律依据

《证券法》《证券投资基金法》《私募投资基金监督管理暂行办法》是行政监管的主要法律法规依据。行政监管主要从股权投资基金、股权投资基金管理人、登记备案、合格投资者、资金募集、投资运作、信息披露、服务机构、行业自律等方面进行。同时，对创业投资基金实施差异化监督管理和行业自律。

二、对股权投资基金管理人的基本要求

股权投资基金的管理是一个责任重大、专业化要求很高的行业，需要高水准的管理团队全身心投入。从规范性要求看，通常会在管理人身份标识、专业化运营、注册资本、办公场所、高管及从业人员要求、内部治理结构、业务环节的管理制度、关联机构和分支机构的管理等方面提出要求。

（一）身份标识

股权投资基金管理人应当为依法设立的公司或者合伙企业，名称和经营范围中应当包含"基金管理"或者"投资管理""资产管理""股权投资""创业投资"等相关字样，法律法规另有规定的除外。

（二）专业化运营

股权投资基金管理人不得兼营与股权投资基金无关的其他业务。

（三）注册资本

股权投资基金管理人应具有开展股权投资基金管理业务所需的资本金；新设股权投资基金管理人，注册时实缴的注册资本应能覆盖公司一定期间内的合理运营成本；人力、物业、办公、差旅等是应当考虑的成本因素。

（四）办公场所

股权投资基金管理人应具备开展股权投资基金管理业务所需的固定营业场所、满足业务运营需要的设施。

（五）高管及从业人员要求

股权投资基金管理人应具有与其股权投资基金管理业务相匹配的一定数量的从业人员。通常，管理人、法定代表人或者执行事务合伙人委派代表、董事、监事、高级管理人员最近3年不得因重大违法违规行为受到行业禁入等行政处罚或者刑事处罚，且不存在因涉嫌违法违规行为正在被调查或者正处于整改期间的情形。法定代表人或者执行事务合伙人委派代表、高级管理人员，以及从事销售、投资、风险控制、运营等核心岗位的从业人员应当符合相应资质要求。高级管理人员是指总经理、副总经理、合规风控负责人等。基金从业人员的资质应当通过基金从业资格考试或者认定的方式取得。

（六）内部治理结构

股权投资基金管理人应建立与其业务特点和规模相匹配的内部治理结构。管理人应当指定至少 1 名高级管理人专职担任合规风控负责人，负责对机构经营运作的合法合规性和风险管理状况进行监督检查。

（七）业务环节的管理制度

股权投资基金管理人应当建立资金募集、投资运作、信息披露、合规风控、业务外包、会计核算、投资者适当性管理等各个业务环节的管理制度，并有效实施。管理可能导致利益输送或者利益冲突的不同股权投资基金的，应当建立防范利益输送和利益冲突的机制。

（八）关联机构和分支机构的管理

股权投资基金管理人应当加强对关联机构和分支机构的管理。

考点回顾 | 单项选择题

股权投资基金管理人的高级管理人员不包括（　　）。
A. 总经理　　　　　　　　　　　B. 副总经理
C. 投资总监　　　　　　　　　　D. 合规风控负责人
【答案】C
【解析】高级管理人员指总经理、副总经理、合规风控负责人等。

三、合格投资者

我国《证券投资基金法》规定，合格投资者是指达到规定资产规模或者收入水平，并且具备相应的风险识别能力和风险承担能力、其基金份额认购金额不低于规定限额的单位和个人。合格投资者的具体标准由国务院证券监督管理机构规定。

股权投资基金的合格投资者是指具备相应风险识别能力和风险承担能力，投资于单只股权投资基金的金额不低于 100 万元且符合下列相关标准的单位和个人：

(1) 净资产不低于 1 000 万元的单位。
(2) 金融资产不低于 300 万元或者最近 3 年年均收入不低于 50 万元的个人。

其中，金融资产包括银行存款、股票、债券、基金份额、资产管理计划、银行理财产品、信托计划、保险产品、期货权益、期权权益等。

下列投资者视为合格投资者：

(1) 社会保障基金、企业年金等养老基金，慈善基金等社会公益基金。
(2) 依法设立并在中国证券投资基金业协会备案的投资计划。
(3) 投资于所管理股权投资基金的股权投资基金管理人及其从业人员。
(4) 中国证监会规定的其他投资者。

以合伙企业、契约等非法人形式，通过汇集多数投资者的资金直接或者间接投资于股权投资基金的，股权投资基金管理人或者股权投资基金销售机构应当穿透核查最终投资者是否为合格投资者，并合并计算投资者人数。但是，符合前述第（1）、第（2）、第（4）项规定的投资者投资股权投资基金的，不再穿透核查最终投资者是否为合格投资者和合并计算投资者人数。

第九章 股权投资基金的政府管理

⭐ **考点回顾｜单项选择题**

以合伙企业、契约等非法人形式，通过汇集多数投资者的资金直接或者间接投资于基金的，基金管理人或者基金销售机构应当穿透核查最终投资者是否为合格投资者，并合并计算投资者人数。但是符合（　　）规定的投资者投资于股权投资基金时，不再穿透核查最终投资者是否为合格投资者和合并计算投资者人数。

Ⅰ．社会保障基金、企业年金等养老基金和慈善基金等社会公益基金
Ⅱ．依法设立并在中国证券投资基金业协会备案的投资计划
Ⅲ．投资于所管理基金的基金管理人及其从业人员
Ⅳ．中国证监会和中国证券投资基金业协会规定的其他投资者

A．Ⅰ、Ⅱ、Ⅲ　　　　　　　　　　B．Ⅰ、Ⅱ、Ⅳ
C．Ⅰ、Ⅲ、Ⅳ　　　　　　　　　　D．Ⅱ、Ⅲ、Ⅳ

【答案】B
【解析】以合伙企业、契约等非法人形式，通过汇集多数投资者的资金直接或者间接投资于基金的，基金管理人或者基金销售机构应当穿透核查最终投资者是否为合格投资者，并合并计算投资者人数。但是符合前述Ⅰ、Ⅱ、Ⅳ项规定的投资者投资于股权投资基金时，不再穿透核查最终投资者是否为合格投资者和合并计算投资者人数。

四、单只基金的投资者人数限制

单只股权投资基金的投资者人数累计不得超过《证券投资基金法》《公司法》《合伙企业法》等法律规定的特定数量。其具体内容见图9-1。

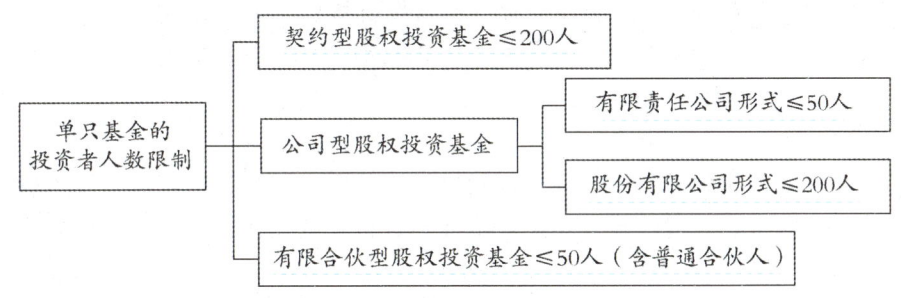

图9-1　单只基金的投资者人数限制

股权投资基金作为私募基金，其发行不需行政许可，无须走核准审批程序，因此其募集应严守私募原则，即非公开方式募集，且单只基金的投资者人数不得超过200人。

⭐ **考点回顾｜单项选择题**

股份有限公司型股权投资基金投资者人数不得超过（　　）人，有限责任公司型股权投资基金不得超过（　　）人。

A．200，50　　　B．300，80　　　C．200，80　　　D．100，50

【答案】A
【解析】目前，我国股权投资基金投资者人数限制如下：①公司型基金：有限公司不超过50人，股份公司不超过200人；②合伙型基金：不超过50人；③契约型基金：不超过200人。

五、基金募集的一般规则

向合格投资者募集、非公开方式募集、充分信息披露、不做本金不受损失及固定收益的承诺、依法规范募集行为,是对股权投资基金募集的主要要求。

基金的资金募集,应遵循下列规则。

(1)股权投资基金管理人可以自行宣传推介股权投资基金,或者委托有资质的销售机构宣传推介其管理的基金。股权投资基金管理人委托销售机构宣传推介基金的,应当建立遴选机制,制作统一的宣传推介材料。向销售机构详细说明基金有关信息。

(2)股权投资基金管理人、股权投资基金销售机构在宣传推介过程中不得有以下行为。

1)向合格投资者之外的单位和个人募集资金;或者为投资者提供多人拼凑、资金借贷等满足投资金额的建议或者便利。

2)通过报刊、电台、电视、互联网等公众传播媒体或者讲座、报告会、分析会和布告、传单、手机短信、微信、博客和电子邮件等方式,向不特定对象宣传推介。

3)口头或者通过签订回购协议、承诺函等方式直接或者间接向投资者承诺投资本金不受损失或者最低收益,或者预测收益率。

4)宣传推介材料有虚假记载、误导性陈述或者重大遗漏。

5)夸大宣传、片面宣传股权投资基金,违规使用"安全""承诺""保险""避险""有保障""高收益""无风险""本金无忧"等可能使投资者认为投资股权投资基金没有风险的表述。

6)诋毁其他股权投资基金管理人、托管人或者销售机构。

7)登载任何自然人、法人或者其他组织的祝贺性、恭维性或者推荐性文字。

8)向投资者宣传的股权投资基金投向与股权投资基金合同约定的投向不符。

9)未充分披露股权投资基金交易结构、各方权利义务、收益分配、费用安排、关联交易(如有)、委托投资顾问(如有)等情况。

10)中国证监会认定的其他行为。

股权投资基金宣传推介材料可以登载该股权投资基金、股权投资基金管理人管理的其他股权投资基金的过往业绩,股权投资基金宣传推介材料登载过往业绩的,一般应当遵循以下原则:

1)基金合同已生效一段时间,如6个月以上。

2)应登载完整的业绩记录。

3)如基金存续期间较长,可登载近几年的完整、连续业绩,如近5年完整的业绩记录。

股权投资基金宣传推介材料登载基金过往业绩的,应当特别声明股权投资基金的过往业绩并不预示其未来表现,股权投资基金管理人管理的其他股权投资基金的业绩不构成该股权投资基金业绩表现的保证。

股权投资基金宣传推介材料对不同基金的业绩进行比较的,应当使用具有可比性的数据来源、统计方法和比较期间,并且应当确保数据来源、统计方法公平、准确。

(3)股权投资基金管理人自行销售股权投资基金的,应当采取问卷调查等方式,对投资者的风险识别能力和风险承担能力进行评估,由投资者书面承诺符合合格投资者条件;应当制作风险揭示书,由投资者签字确认。股权投资基金管理人委托销售机构销售股权投资基金的,股权投资基金销售机构应当采取前述评估、确认等措施。投资者风险识别能力和承担能力问卷及风险揭示书的内容与格式，应当按中国证券投资基金业协会制定的指引执行。

（4）股权投资基金管理人无论是自行销售还是委托销售机构销售股权投资基金，应当自行或者委托第三方机构对股权投资基金进行风险评级，向风险识别能力和风险承担能力相匹配的投资者推介股权投资基金。

（5）股权投资基金管理人或者股权投资基金销售机构在销售股权投资基金时，应当核查投资者的身份、财产与收入状况、投资经验和风险偏好等信息，审查其是否符合合格投资者条件。投资者应当如实填写风险识别能力和风险承担能力问卷，如实承诺告知资产或者收入情况，并对其真实性、准确性和完整性负责。填写虚假信息或者提供虚假承诺文件的，应当承担相应责任。

（6）投资者应当确保投资资金来源合法，不得非法汇集他人资金投资股权投资基金。

★ 考点回顾｜单项选择题

股权投资（　　）、股权投资基金销售机构不得向合格投资者之外的单位和个人募集资金，不得通过报刊、电台、电视、互联网等公众传播媒体或者讲座、报告会、分析会和布告、传单、手机短信、微信、博客和电子邮件等方式，向不特定对象宣传推介。

A. 基金管理人
B. 基金托管人
C. 基金经理
D. 基金监管机构

【答案】A

【解析】股权投资基金管理人、股权投资基金销售机构不得向合格投资者之外的单位和个人募集资金，不得通过报刊、电台、电视、互联网等公众传播媒体或者讲座、报告会、分析会和布告、传单、手机短信、微信、博客和电子邮件等方式，向不特定对象宣传推介。

六、禁止性行为

根据《私募投资基金监督管理暂行办法》规定，股权投资基金管理人、托管人、销售机构、其他服务机构及其从业人员从事股权投资基金业务，不得有以下行为。

（1）将其固有财产或者他人财产混同于基金财产从事投资活动。
（2）不公平地对待其管理的不同基金财产。
（3）利用基金财产或者职务之便，为本人或者投资者以外的人牟取利益，进行利益输送。
（4）侵占、挪用基金财产。
（5）泄露因职务便利获取的未公开信息，利用该信息从事或者明示、暗示他人从事相关的交易活动。
（6）从事损害基金财产和投资者利益的投资活动。
（7）玩忽职守，不按照规定履行职责。
（8）从事内幕交易、操纵交易价格及其他不正当交易活动。
（9）未针对每只股权投资基金设置独立账户，或者开展借新还旧、期限错配等业务。
（10）进行商业贿赂。
（11）将账户出借给第三方进行交易，或者违反账户实名制的规定，下设子账户、分账户、虚拟账户等。

(12) 直接或间接参与场外配资活动或者为场外配资活动提供服务或便利。

(13) 外接未经监管机构或者自律组织认证的其他交易系统，为违法证券期货业务活动提供端口服务便利。

(14) 通过境外机构或者境外系统下达投资交易指令。

(15) 法律、行政法规和中国证监会规定禁止的其他行为。

★ 考点回顾 | 单项选择题

下列关于从事股权投资基金业务行为的说法，正确的有（　　）。

Ⅰ．不得将其固有财产或者他人财产混同于基金财产从事投资活动
Ⅱ．不得从事内幕交易、操纵交易价格及其他不正当交易活动
Ⅲ．不得用基金财产为本人牟取利益
Ⅳ．不得不公平地对待其管理的不同基金财产

A．Ⅰ、Ⅱ
B．Ⅰ、Ⅱ、Ⅲ
C．Ⅱ、Ⅲ、Ⅳ
D．Ⅰ、Ⅱ、Ⅲ、Ⅳ

【答案】D

七、信息披露的要求

信息披露是保护投资者知情权、选择权，由投资者与管理人形成市场化选择与博弈的重要方式。股权投资基金管理人应当按规定及时、充分地向投资者披露信息，并按规定向监管部门、行业自律组织报送相关信息。

（一）向中国证券投资基金业协会报送相关信息

（1）股权投资基金管理人应当根据中国证券投资基金业协会的规定，及时填报并定期更新管理人及其从业人员的有关信息、所管理股权投资基金的投资运作情况和杠杆运用情况，保证所填报内容真实、准确、完整。发生重大事项的，应当在 10 个工作日内向中国证券投资基金业协会报告。

（2）股权投资基金管理人应当于每个会计年度结束后的 4 个月内，向中国证券投资基金业协会报送经会计师事务所审计的年度财务报告和所管理股权投资基金年度投资运作基本情况。

★ 考点回顾 | 单项选择题

股权投资基金管理人应当于每个会计年度结束后的 4 个月内，向中国证券投资基金业协会报送经（　　）审计的年度财务报告。

A．会计师事务所 B．律师事务所
C．中国证监会   D．中国证券投资基金业协会

【答案】A

【解析】股权投资基金管理人应当于每个会计年度结束后的 4 个月内，向中国证券投资基金业协会报送经会计师事务所审计的年度财务报告和所管理股权投资基金年度投资运作基本情况。

（二）向投资者披露信息

（1）股权投资基金管理人和股权投资基金托管人应当依照法律法规、证监会监管要求和基金合同的约定披露股权投资基金信息，并保证所披露信息的真实性、准确性和完整性。

（2）股权投资基金管理人、股权投资基金托管人应当在基金合同中约定向投资者披露基金投资、资产负债、投资收益分配、基金承担的费用和业绩报酬、可能存在的利益冲突情况以及可能影响投资者合法权益的其他重大信息，不得隐瞒或者提供虚假信息。信息披露指引由中国证券投资基企业协会制定。

（3）基金合同应当明确信息披露义务人向投资者进行信息披露的内容、披露频度、披露方式、披露责任以及披露渠道等。

（4）股权投资基金运行期间，股权投资基金的信息披露义务人应当在每季度结束之日起10个工作日内向投资者披露基金投资项目、投资额度、基金资产等信息。

（5）股权投资基金运行期间，股权投资基金信息披露义务人应当在每年度结束之日起4个月内，向投资者披露基金对外投资情况、基金财务情况、项目运营和风险情况、投资收益分配和损失承担情况、基金费用支出情况以及基金合同约定的其他信息。

（6）股权投资基金管理人和托管人发生重大事项变更，股权投资基金发生触及基金止损线或者预警线、管理费率或者托管费率变更、清盘或者清算、重大关联交易、提取业绩报酬等影响投资者利益的重大事项的，信息披露义务人应当在10个工作日内向投资者披露。

（7）信息披露义务人应当妥善保管股权投资基金信息披露的相关文件资料，保存期限应符合法律法规和监管机构的要求。

★ 考点回顾 单项选择题

发生重大事项的，私募基金管理人应当在（　　）个工作日内向基金业协会报告。
A. 3　　　　　　　　　　　　　　B. 5
C. 7　　　　　　　　　　　　　　D. 10

【答案】D

【解析】发生重大事项的，股权投资基金管理人应当在10个工作日内向中国证券投资基金业协会报告。

八、股权投资服务机构的基本要求

（一）股权投资基金销售机构

（1）股权投资基金销售机构应当具有基金销售业务资格。

（2）股权投资基金销售结算资金、股权投资基金份额独立于股权投资基金销售机构、销售支付机构或者份额登记机构的自有财产。

（3）股权投资基金销售机构、销售支付机构或者份额登记机构破产或者清算时，股权投资基金销售结算资金、股权投资基金份额不属于其破产财产或者清算财产。

（4）非因投资者本身的债务或者法律规定的其他情形，不得查封、冻结、扣划或者强制执行股权投资基金销售结算资金、股权投资基金份额。

（5）销售结算资金从投资者资金账户划出，到达股权投资基金财产账户或者托管账户之前，属于投资者合法财产。

（二）股权投资基金投资顾问

股权投资基金管理人委托第三方机构担任投资顾问的，应在基金合同中明确约定基金管理人和投资顾问的权责划分。股权投资基金投资顾问及其从业人员从事投资顾问活动的禁止行为包括：

（1）泄露委托人的投资决策计划信息。

（2）利用投资顾问服务与他人合谋操纵市场或者进行内幕交易。

（3）为本机构、特定客户或者利益相关人的利益损害委托人的合法权益。

（4）以投资顾问机构从业人员个人名义收取投资顾问费用。

（三）从事股权投资基金服务业务的机构

从事股权投资基金销售支付、份额登记、估值核算、评价、信息技术系统服务等股权投资基金服务业务的机构，应当按照合同约定履行相应的职责，并且按照中国证券投资基金业协会的规定，在中国证券投资基金业协会备案，接受中国证券投资基金业协会的自律管理。

（四）律师事务所、会计师事务所

律师事务所、会计师事务所接受股权投资基金管理人、股权投资基金托管人的委托，为有关股权投资基金业务活动出具法律意见书、审计报告等文件，应当勤勉尽责，对所依据的文件资料内容的真实性、准确性、完整性进行核查和验证。其制作、出具的文件有虚假记载、误导性陈述或者重大遗漏，给他人财产造成损失的，应当承担相应责任。

九、境外投资者在中国境内参与设立股权投资基金的相关制度

（一）对外商投资创业投资企业的管理

1. 概念

外商投资创业投资企业，是指外国投资者或外国投资者与中国投资者根据规定在中国境内设立的以创业投资为经营活动的外商投资企业。

2. 要求

（1）设立外商投资创业投资企业，应满足我国关于投资者人数、出资、组织形式、管理团队等方面的基本要求。

（2）创投企业可以采取非法人制组织形式，也可以采取公司制组织形式。采取非法人制组织形式的创投企业的投资者对创投企业的债务承担连带责任，也可以在创投企业合同中约定必备投资者承担连带责任，其他投资者以其认缴的出资额为限承担责任。

（3）设立外商投资创业投资企业，应至少拥有一个"必备投资者"。

> **注意**
>
> "必备投资者"应同时满足：
>
> （1）以创业投资为主营业务。
>
> （2）在申请前3年其管理的资本累计不低于1亿美元，且其中至少5 000万美元已经用于进行创业投资（在必备投资者为中国投资者的情形下，业绩要求为：在申请前3年其管理的资本累计不低于1亿元人民币，且其中至少5 000万元人民币已经用于进行创业投资）。

> **注 意**
>
> (3) 拥有3名以上具有3年以上创业投资从业经验的专业管理人员。
>
> (4) 如果某一投资者的关联实体满足上述条件,则该投资者可以申请成为必备投资者;此处所称关联实体是指该投资者控制的某一实体,或控制该投资者的某一实体,或与该投资者共同受控于某一实体的另一实体。此处所称控制是指控制方拥有被控制方超过50%的表决权。
>
> (5) 必备投资者及其上述关联实体均应未被所在国司法机关和其他相关监管机构禁止从事创业投资或投资咨询业务或以欺诈等原因进行处罚。
>
> (6) 非法人制创投企业的必备投资者,对创投企业的认缴出资及实际出资分别不低于投资者认缴出资总额及实际出资总额的1%,且应对创投企业的债务承担连带责任;公司制创投企业的必备投资者,对创投企业的认缴出资及实际出资分别不低于投资者认缴出资总额及实际出资总额的30%。

3. 相关法律法规

2001年8月,对外贸易经济合作部、科学技术部、国家工商行政管理总局率先颁布《关于设立外商投资创业投资企业的暂行规定》,对外商投资创业投资企业进行规范和管理。

2003年2月,对外贸易经济合作部、科学技术部、国家工商行政管理总局、国家税务总局、国家外汇管理局共同颁布《外商投资创业投资企业管理规定》(后于2015年根据商务部有关决定修改),对外商投资创业投资企业进行规范和管理。

2016年9月16日,国务院发布了《国务院关于促进创业投资持续健康发展的若干意见》(创投国十条),其中明确要求有序扩大创业投资对外开放。

★ 考点回顾 单项选择题

设立外商投资创业投资企业,至少有( )个投资者应符合必备投资者的要求。
A. 1　　　　　　　　　　　　　　B. 2
C. 3　　　　　　　　　　　　　　D. 5

【答案】A

【解析】设立外商投资创业投资企业,至少有一个投资者应符合"必备投资者"的要求。

(二) QFLP试点

QFLP制度,即合格境外有限合伙人制度,是指境外机构投资者通过资格审批和外汇资金的监管程序后,将境外资本兑换为人民币资金,投资于境内的股权投资基金市场。

QFLP针对股权投资基金,QFII(合格境外机构投资者)针对证券投资基金。

QFLP制度先后在北京、上海、天津、深圳、重庆、青岛等多个地区进行试点,可视为在现行中国资本和金融项目尚未完全开放的情况下,对境外投资者投资于境内股权投资基金市场的路径探索。

(三) 外商投资的有限合伙

2010年3月1日,《外国企业或者个人在中国境内设立合伙企业管理办法》正式实施,使外国企业或者个人在华设立合伙企业成为可能,从而为外资以有限合伙的形式设立股权投资基金奠定了法律依据。

★ 考点回顾 | 单项选择题

（　　）即合格境外有限合伙人，是指境外机构投资者通过资格审批和外汇资金的监管程序后，将境外资本兑换为人民币资金，投资于境内的基金。

A. QFLL　　　　　　　　　　　　B. QFLP
C. MLKK　　　　　　　　　　　　D. PILP

【答案】B

【解析】QFLP即合格境外有限合伙人，是指境外机构投资者通过资格审批和外汇资金的监管程序后，将境外资本兑换为人民币资金，投资于境内的基金。

十、股权投资基金跨境投资的监管规则

股权投资基金跨境投资包括境外股权投资基金境内投资和境内股权投资基金境外投资两种情况。

（一）境外股权投资基金境内投资的监管规则

（1）境外股权投资基金在中国境内的投资活动，实质是境外主体的境内投资，需要遵守国家对外商直接投资的法律监管。

（2）境外股权投资金向境内目标公司投资需要完成相关审批或备案程序，一般包括商务部、国家发展改革委以及外汇局，如境内目标企业的主体资格特殊，还可能涉及其他行业主管部门。

需要商务部前置审批的情况包括：

（1）涉及《外商投资产业指导目录（2015年修订）》的限制类、禁止类以及鼓励类中有股权、高管要求的领域，不论金额大小或投资方式（新设、并购）均继续实行审批管理。

（2）外国投资者并购境内非外商投资企业包括上市公司，涉及国家规定实施准入特别管理措施的，需要完成商务部门审批等程序。

拓展链接

2016年9月3日，全国人大常委会审议通过了《关于修改中华人民共和国外资企业法等四部法律的决定》，将不涉及国家规定实施准入特别管理措施的外商投资企业设立及变更，由审批改为备案管理。经国务院批准，外商投资准入特别管理措施范围按《外商投资产业指导目录（2015年修订）》中限制类和禁止类以及鼓励类中有股权要求、高管要求的有关规定执行。涉及外资并购中企业设立及变更的，按照现行有关规定执行。2016年10月8日，商务部发布了《外商投资企业设立及变更备案管理暂行办法》，并于2017年7月30日进行了修订。

（二）境内股权投资基金境外投资的监管规则

境内股权投资基金境外投资的具体内容见表9-3。

表9-3　境内股权投资基金境外投资

项目	具体内容
主要内容	中国境内的股权投资基金进行境外投资，包括通过新设、并购等方式在境外设立非金融企业或取得既有非金融企业的所有权、控制权、经营管理权等行为，必须获得有关监管机构的批准，主要包括：国家发展改革委、商务部以及外汇局，如中国企业的主体资格特殊，还可能涉及国资委、中国证监会、中国银监会与中国保监会

续表

项目	具体内容
审批内容	国家发展改革委或地方发展改革委根据中方投资额，是否涉及敏感国家、地区或行业等进行的投资核准或者备案管理
	商务部和省级商务主管部门按照企业境外投资的不同情形（如是否涉及敏感国家、地区或行业或者金额较高的）实行的备案和核准管理
	外汇局对境内机构境外直接投资及其形成的资产、相关权益实行外汇登记及备案制度
法律法规	2013年12月2日，国务院颁布的《政府核准的投资项目目录（2013年本）》
	2014年4月8日，国家发展改革委颁布的《境外投资项目核准和备案管理办法》
	2014年9月6日，商务部发布的《境外投资管理办法》
	进行境外投资也受到国家外汇管理机关有关外汇政策的规管

拓展链接

上海自贸区、天津自贸区、深圳前海自贸区近年来分别推出了一些关于跨境投资的指导意见，针对简化直接投资的审批流程、鼓励人民币跨境结算业务等进行了有益的探索。

十一、股权投资基金合规运营与非法集资的界限

开展股权投资基金业务，必须严格遵守以非公开方式向特定的合格投资者募集的原则，严禁保底保收益。否则容易触犯非法吸收公众存款罪、集资诈骗罪等刑事责任。

股权投资基金合规运营与非法集资的界限见表9-4。

表9-4　股权投资基金合规运营与非法集资的界限

项目	具体内容
构成"非法吸收公众存款或者变相吸收公众存款"的条件（同时具备）	未经有关部门依法批准或者借用合法经营的形式吸收资金
	通过媒体、推介会、传单、手机短信等途径向社会公开宣传
	承诺在一定期限内以货币、实物、股权等方式还本付息或者给付回报
	向社会公众即社会不特定对象吸收资金
非法吸收或者变相吸收公众存款，应当依法追究刑事责任的情形	个人非法吸收或者变相吸收公众存款，数额在20万元以上的，单位非法吸收或者变相吸收公众存款，数额在100万元以上的
	个人非法吸收或者变相吸收公众存款对象30人以上的，单位非法吸收或者变相吸收公众存款对象150人以上的
	个人非法吸收或者变相吸收公众存款，给存款人造成直接经济损失数额在10万元以上的；单位非法吸收或者变相吸收公众存款，给存款人造成直接经济损失数额在50万元以上的
	造成恶劣社会影响或者其他严重后果的
符合非法吸收公众存款的四个条件的，以非法吸收公众存款罪定罪处罚的行为	不具有房产销售的真实内容或者不以房产销售为主要目的，以返本销售、售后包租、约定回购、销售房产份额等方式非法吸收资金的
	以转让林权并代为管护等方式非法吸收资金的
	以代种植（养殖）、租种植（养殖）、联合种植（养殖）等方式非法吸收资金的
	不具有销售商品、提供服务的真实内容或者不以销售商品、提供服务为主要目的，以商品回购、寄存代售等方式非法吸收资金的

续表

项目	具体内容
符合非法吸收公众存款的四个条件的，以非法吸收公众存款罪定罪处罚的行为	不具有发行股票、债券的真实内容，以虚假转让股权、发售虚构债券等方式非法吸收资金的
	不具有募集基金的真实内容，以假借境外基金、发售虚构基金等方式非法吸收资金的
	不具有销售保险的真实内容，以假冒保险公司、伪造保险单据等方式非法吸收资金的
	以投资入股的方式非法吸收资金的
	以委托理财的方式非法吸收资金的
	利用民间"会""社"等组织非法吸收资金的
	其他非法吸收资金的行为
使用诈骗方法非法集资，可以认定为"以非法占有为目的"的情形	集资后不用于生产经营活动或者用于生产经营活动与筹集资金规模明显不成比例，致使集资款不能返还的
	肆意挥霍集资款，致使集资款不能返还的
	携带集资款逃匿的
	将集资款用于违法犯罪活动的
	抽逃、转移资金，隐匿财产，逃避返还资金的
	隐匿、销毁账目，或者搞假破产、假倒闭，逃避返还资金的
	拒不交代资金去向，逃避返还资金的
	其他可以认定为非法占有目的的情形

注意

综合来看，严守行业底线，坚守私募原则，向合格投资者募集资金，杜绝保底保收益，勤勉尽责、诚信信披是避免非法集资的有效方式。

★ 考点回顾 | 单项选择题

1. 对于使用诈骗方法非法集资的，下列行为中的（　　）可以认定为"以非法占有为目的"。

Ⅰ．集资后用于生产经营活动
Ⅱ．肆意挥霍集资款，致使集资款不能返还的
Ⅲ．携带集资款逃匿的
Ⅳ．将集资款用于违法犯罪活动的
Ⅴ．隐匿、销毁账目，或者搞假破产、假倒闭，逃避返还资金的

A．Ⅰ、Ⅱ、Ⅲ、Ⅴ
B．Ⅱ、Ⅲ、Ⅳ、Ⅴ
C．Ⅰ、Ⅱ、Ⅳ、Ⅴ
D．Ⅰ、Ⅱ、Ⅲ、Ⅳ

【答案】B

【解析】集资后不用于生产经营活动或者用于生产经营活动与筹集资金规模明显不成比例，致使集资款不能返还的，可认定为"以非法占有为目的"。第Ⅰ项说法不准确。

2. 关于非法吸收或者变相吸收公众存款，下列选项中，未达到依法追究刑事责任的情形是（　　）。

A．个人非法吸收或者变相吸收公众存款，数额在20万元以上的；单位非法吸收或者变相吸收公众存款，数额在100万元以上的

B．个人非法吸收或者变相吸收公众存款对象20人以上的，单位非法吸收或者变相吸收

公众存款对象 150 人以上的

C. 个人非法吸收或者变相吸收公众存款，给存款人造成直接经济损失数额在 10 万元以上的，单位非法吸收或者变相吸收公众存款，给存款人造成直接经济损失数额在 50 万元以上的

D. 造成恶劣社会影响或者其他严重后果的

【答案】B

【解析】B 项，个人非法吸收或者变相吸收公众存款对象 30 人以上的，单位非法吸收或者变相吸收公众存款对象 150 人以上的达到追究刑事责任的界限。

十二、股权投资基金业务可能涉及的刑事犯罪种类

股权投资监管提出了向合格投资者募集、非公开募集、禁止保底保收益等底线要求，违反这些底线要求，极易构成非法集资刑事犯罪。非法集资案件主要包括非法吸收公众存款和集资诈骗两大类。非法吸收公众存款与集资诈骗的主要差别是，非法吸收公众存款不以非法占有为目的，集资诈骗以非法占有为目的。此类案件还可能涉及擅自发行股票或者公司、企业债券罪、非法经营罪、虚假广告罪等。

(一) 非法吸收公众存款罪

非法吸收公众存款罪，是指非法吸收公众存款或者变相吸收公众存款，扰乱金融秩序的行为。

未向社会公开宣传，在亲友或者单位内部针对特定对象吸收资金的，不属于非法吸收或者变相吸收公众存款。坚守股权投资基金非公开方式向合格投资者募集、不承诺保本保收益的底线要求，是防范走向非法集资犯罪的有效方式。

(二) 集资诈骗罪

以非法占有为目的，使用诈骗方法非法集资的，构成集资诈骗罪。

以非法占有为目的，使用诈骗方法实施非法吸收公众存款的行为时，即按集资诈骗罪处理。

集资诈骗罪的量刑重于非法吸收公众存款罪，集资诈骗罪的最高刑期为无期徒刑，非法吸收公众存款罪的最高刑期为 10 年有期徒刑。

非法吸收公众存款罪中，行为人部分非法集资行为具有非法占有目的的，对该部分非法集资行为所涉集资款以集资诈骗罪定罪处罚。非法集资共同犯罪中部分行为人具有非法占有目的，其他行为人没有非法占有集资款的共同故意和行为的，对具有非法占有目的的行为人以集资诈骗罪定罪处罚。

(三) 非法经营罪

非法经营罪是指未经许可经营专营、专卖物品或其他限制买卖的物品，买卖进出口许可证、进出口原产地证明以及其他法律、行政法规规定的经营许可证或者批准文件，以及从事其他非法经营活动等的行为。

违反国家规定，有下列非法经营行为之一，扰乱市场秩序，情节严重的，构成非法经营罪：

(1) 未经许可经营法律、行政法规规定的专营、专卖物品或者其他限制买卖的物品的。

(2) 买卖进出口许可证、进出口原产地证明以及其他法律、行政法规规定的经营许可证或者批准文件的。

(3) 未经国家有关主管部门批准非法经营证券、期货、保险业务的，或者非法从事资金支付结算业务的。

(4) 其他严重扰乱市场秩序的非法经营行为。

其中，第（3）、（4）条是股权投资基金可能涉及的两类行为。

（四）擅自发行股票或者公司、企业债券罪

依据《刑法》规定，未经国家有关主管部门批准，擅自发行股票或者公司、企业债券，数额巨大、后果严重或者有其他严重情节的，构成擅自发行股票或公司、企业债券罪。

按照《最高人民法院关于审理非法集资刑事案件具体应用法律若干问题的解释》的规定，未经国家有关主管部门批准，向社会不特定对象发行、以转让股权等方式变相发行股票或者公司、企业债券，或者向特定对象发行、变相发行股票或者公司、企业债券累计超过200人的，应当认定为擅自发行股票，公司、企业债券。

（五）虚假广告罪

广告经营者、广告发布者违反国家规定，利用广告为非法集资活动相关的商品或者服务作虚假宣传，具有下列情形之一的，依照《刑法》规定，以虚假广告罪定罪处罚：

(1) 违法所得数额在10万元以上的。

(2) 造成严重危害后果或者恶劣社会影响的。

(3) 2年内利用广告做虚假宣传，受过行政处罚2次以上的。

(4) 其他情节严重的情形。

> **拓展链接**
>
> 明知他人从事欺诈发行股票、债券，非法吸收公众存款，擅自发行股票、债券，集资诈骗或者组织、领导传销活动等集资犯罪活动，为其提供广告等宣传的，以相关犯罪的共犯论处。

第三节　政府管理的形式与手段

政府管理的形式与手段见表9-5。

表9-5　政府管理的形式与手段

形式与手段	具体内容
调查手段	中国证监会在对股权投资基金进行事中事后监管时，有权采取以下措施： (1) 进行现场检查，并要求报送有关的业务资料 (2) 进入涉嫌违法行为发生场所调查取证 (3) 询问当事人和与被调查事件有关的单位和个人，要求其对与被调查事件有关的事项做出说明 (4) 查阅、复制与被调查事件有关的财产权登记、通信记录等资料 (5) 查阅、复制当事人和与被调查事件有关的单位和个人的证券交易记录、登记过户记录、财务会计资料及其他相关文件和资料；对可能被转移、隐匿或者毁损的文件和资料，可以予以封存 (6) 查询当事人和与被调查事件有关的单位和个人的资金账户、证券账户和银行账户；对有证据证明已经或者可能转移或者隐匿违法资金、证券等涉案财产或者隐匿、伪造、毁损重要证据的，经国务院证券监督管理机构主要负责人批准，可以冻结或者查封 (7) 在调查操纵证券市场、内幕交易等重大证券违法行为时，经国务院证券监督管理机构主要负责人批准，可以限制被调查事件当事人的证券买卖，但限制的期限不得超过15个交易日；案情复杂的，可以延长15个交易日

形式与手段	具体内容
处理方式	行政监管措施：①责令改正；②监管谈话；③出具警示函；④公开谴责
	对行政监管措施不服的，可以根据《行政复议法》等相关规定，自收到行政监管措施决定书之日起60日内向复议机关申请复议，也可以自收到决定书之日起6个月内向有管辖权的人民法院提起诉讼
	行政处罚：①警告；②罚款；③没收违法所得和没收非法财物；④暂停或者撤销基金从业资格
	对行政处罚不服的，可在收到处罚决定书之日起60日内申请行政复议，也可以在收到处罚决定书之日起3个月内直接向有管辖权的人民法院提起行政诉讼
	移送司法机关：中国证监会在检查中发现犯罪线索的，可以将违法犯罪线索移送司法机关审查处理

第四节 对创业投资基金的政策支持

一、对早期企业股权投资的税收优惠政策

国家对创业投资基金在税收上给予特别支持。

（一）公司型创业投资基金

(1)《企业所得税法》规定，创业投资企业从事国家需要重点扶持和鼓励的创业投资，可以按投资额的一定比例抵扣应纳税所得额。

(2)《企业所得税法实施条例》规定，创业投资企业采取股权投资方式投资于未上市的中小高新技术企业2年以上的，可以按照其投资额的70% 在股权持有满2年的当年，抵扣该创业投资企业的应纳税所得额。当年不足抵扣的，可以在以后纳税年度结转抵扣。

(3) 国家税务总局《关于实施创业投资企业所得税优惠问题的通知》（国税发〔2009〕87号）规定，创业投资企业采取股权投资方式投资于未上市的中小高新技术企业2年（24个月）以上，符合条件的，可以按照其对中小高新技术企业投资额的70%，在股权持有满2年的当年抵扣该创业投资企业的应纳税所得额；当年不足抵扣的，可以在以后纳税年度结转抵扣。

★考点回顾｜单项选择题

创业投资企业采取股权投资方式投资于未上市的中小高新技术企业2年（24个月）以上，符合条件的，可以按照投资额的（　　），在股权持有满2年的当年抵扣该创业投资企业的应纳税所得额。

A. 60%　　　　　　　　　　　B. 70%
C. 80%　　　　　　　　　　　D. 90%

【答案】B

【解析】创业投资企业采取股权投资方式投资于未上市的中小高新技术企业2年（24个月）以上，符合条件的，可以按照投资额的70%，在股权持有满2年的当年抵扣该创业投资企业的应纳税所得额；当年不足抵扣的，可以在以后纳税年度结转抵扣。

（二）有限合伙型创业投资基金

2015年10月，国家税务总局开始执行《国家税务总局关于有限合伙制创业投资企业法人合伙人企业所得税有关问题的公告》。按公告规定，有限合伙型创业投资企业采取股权投资方式投资于未上市的中小高新技术企业满2年（24个月）的，其法人合伙人可按照对未上市中小高新技术企业投资额的70%抵扣该法人合伙人从该有限合伙制创业投资企业分得的应纳税所得额，当年不足抵扣的，可以在以后纳税年度结转抵扣。

> **拓展链接**
>
> 所称满2年是指2015年10月1日起，有限合伙制创业投资企业投资于未上市中小高新技术企业的实缴投资满2年，同时，法人合伙人对该有限合伙制创业投资企业的实缴出资也应满2年。如果法人合伙人投资于多个符合条件有限合伙制创业投资企业，可合并计算其可抵扣的投资额和应分得的应纳税所得额。当年不足抵扣的，可结转以后纳税年度继续抵扣；当年抵扣后有结余的，按照《企业所得税法》的规定，计算缴纳企业所得税。

（三）创业投资企业和天使投资个人

2017年4月24日，《财政部、国家税务总局关于创业投资企业和天使投资个人有关税收试点政策的通知》发布。该通知明确在试点地区实施以下税收试点政策，支持创业投资企业和天使投资个人向初创科技型企业投资。

1. 创业投资企业

（1）公司制创业投资企业采取股权投资方式直接投资于种子期、初创期科技型企业（以下简称初创科技型企业）满2年（24个月，下同）的，可以按照投资额的70%在股权持有满2年的当年抵扣该公司制创业投资企业的应纳税所得额；当年不足抵扣的，可以在以后纳税年度结转抵扣。

（2）有限合伙制创业投资企业（以下简称合伙创投企业）采取股权投资方式直接投资于初创科技型企业满2年的，该合伙创投企业的合伙人分别按以方式处理：

1）法人合伙人可以按照对初创科技型企业投资额的70%抵扣法人合伙人从合伙创投企业分得的所得；当年不足抵扣的，可以在以后纳税年度结转抵扣。

2）个人合伙人可以按照对初创科技型企业投资额的70%抵扣个人合伙人从合伙创投企业分得的经营所得；当年不足抵扣的，可以在以后纳税年度结转抵扣。

2. 天使投资个人

天使投资个人采取股权投资方式直接投资于初创科技型企业满2年的，可以按照投资额的70%抵扣转让该初创科技型企业股权取得的应纳税所得额；当期不足抵扣的，可以在以后取得转让该初创科技型企业股权的应纳税所得额时结转抵扣。

天使投资个人在试点地区投资多个初创科技型企业的，对其中办理注销清算的初创科技型企业，天使投资个人对其投资额的70%尚未抵扣完的，可自注销清算之日起36个月内抵扣天使投资个人转让其他初创科技型企业股权取得的应纳税所得额。

二、财政性引导基金的主要政策和作用

财政性引导基金的主要政策和作用见表9-6。

表 9-6　财政性引导基金的主要政策和作用

	主要政策	作用
国家政策	2005年11月，国家发展改革委等十部委联合发布《创业投资企业管理暂行办法》	明确对创业投资（基金）企业及其管理顾问机构的备案管理规则外，还明确了三项配套性政策措施：①国家运用税收优惠政策扶持创业投资企业发展并引导其增加对中小企业特别是中小高新技术企业的投资；②国家与地方政府可设立创业投资引导基金，通过参股和提供融资担保等方式扶持创业投资企业的设立与发展；③国家有关部门应当积极推进多层次资本市场体系建设，完善创业投资企业的投资退出机制
	2008年10月，国务院办公厅发布《国务院办公厅转发〈关于创业投资引导基金规范设立与运作指导意见〉的通知》	指导政府设立并按市场化方式运作政策性创业投资基金，主要通过扶持创业投资企业发展，引导社会资金进入创业投资领域，特别是通过鼓励创业投资企业投资处于种子期、起步期等创业早期的企业，弥补一般创业投资企业主要投资于成长期、成熟期和重建企业的不足
	2009年10月，国家发展改革委、财政部发布《关于实施新兴产业创业投资计划、开展产业技术研究与开发资金参股设立创业投资基金试点工作的通知》	国家发展改革委、财政部决定实施新兴产业创投计划，扩大产业技术研发资金创业投资试点，推动利用国家产业技术研发资金，联合地方政府资金，参股设立创业投资基金（创业投资企业）试点工作
		鼓励各省（区、市）结合本地实际，研究提出与国家资金共同参股设立创业投资基金的产业领域和具体方案，落实地方政府出资，配合国家发展改革委和财政部共同做好基金的设立和管理工作，探索财政资金支持创业投资发展的有效机制
		在工商登记、税收、投资、人才、营业场所等方面加大支持力度，加快建立有利于创业投资发展的良好政策环境
	2011年8月，财政部、国家发展改革委发布《关于印发〈新兴产业创投计划参股创业投资基金管理暂行办法〉的通知》	明确中央财政资金可以通过直接投资创业企业、参股创业投资基金等方式，培育和促进新兴产业发展
	2015年11月，财政部发布《政府投资基金暂行管理办法》	规范政府引导基金的规范运行，同时鼓励政府财政资金支持创业投资
	2016年2月，国家发展改革委发布《国家发展改革委关于做好新兴产业创业投资基金有关工作的通知》	要求有关地方发展改革委加快推动已批复确认参股基金设立工作、参股基金按照协议约定加快投资进度，协助做好国家新兴产业创业投资引导基金参股地方基金的准备工作
	2016年12月，国家发展改革委发布《政府出资产业投资基金管理暂行办法》	针对基金的募资、投资、管理、退出等环节，以信息登记、绩效评价和信用评价的方式对政府出资产业投资基金运行进行宏观信用信息监督管理
引导基金	2015年1月14日，国务院决定设立国家新兴产业创业投资引导基金，助力创业创新和产业升级	①国家将中央财政战略性新兴产业发展专项资金，中央基建投资资金等合并使用，盘活存量，发挥政府资金杠杆作用，吸引有实力的企业、大型金融机构等社会、民间资本参与，形成总规模400亿元的新兴产业创投引导基金。②基金实行市场化运作、专业化管理，公开招标择优选定若干家基金管理公司负责运营、自主投资决策。③为突出投资重点，新兴产业创投基金可以参股方式与地方或行业龙头企业相关基金合作，主要投向新兴产业早期期、初创期创新型企业。④新兴产业创投基金收益分配实行先回本后分利，社会出资人可优先分红。国家出资收益可适当让利，收回资金优先用于基金滚存使用

续表

	主要政策	作用
引导基金	2015年9月,国务院决定成立基金总规模600亿元的国家中小企业发展基金	采用市场化模式运作,中央财政先行出资150亿元,引导民营和国有企业、金融机构、地方政府等共同参与,重点投资科技型、创新型、成长型中小企业
	2014年12月,中国保监会发布《中国保监会关于保险资金投资创业投资基金有关事项的通知》	允许保险资金通过投资其他股权投资基金间接投资创业企业,或者通过投资股权投资母基金间接投资创投基金,为创业投资基金提供了强大的资金支持
	2015年10月,商务部发布《外商投资创业投资企业管理规定(2015年修订)》	支持外资通过设立合资或独资的创业投资或创业投资管理企业在我国境内进行股权投资或受托管理创业投资企业

三、国有股转持豁免政策的基本内容

(一) 国有股转持

2009年6月19日,财政部、国资委、中国证监会、全国社保基金会联合下发的《境内证券市场转持部分国有股充实全国社会保障基金实施办法》规定,股份有限公司境内IPO时,应将国有股按一定比例划转至全国社保基金理事会持有。其基本要求为:

(1) 股权分置改革新老划断后,凡在境内证券市场首次公开发行股票并上市的含国有股的股份有限公司,除国务院另有规定的,均须按首次公开发行时实际发行股份数量的10%,将股份有限公司部分国有股转由社保基金会持有,国有股东持股数量少于应转持股份数量的,按实际持股数量转持。

(2) 混合所有制的国有股东,由该类国有股东的国有出资人按其持股比例乘以该类国有股东应转持的权益额,履行转持义务。具体方式包括:

1) 在取得国有股东各出资人或各股东一致意见后,直接转持国有股,并由该国有股东的国有出资人对非国有出资人给予相应补偿。

2) 或者由该国有股东的国有出资人以分红或自有资金一次或分次上缴中央金库。

(二) 创业投资基金豁免国有股转持

国有企业投资股权投资基金,如国有成分达到50%以上,则股权投资基金会被认定为国有性质。股权投资基金投资目标企业,目标企业IPO时,股权投资基金作为国有股东,需履行国有股转持义务。

2010年10月13日,财政部、国资委、证监会、社保基金会《关于豁免国有创业投资机构和国有创业投资引导基金国有股转持义务有关问题的通知》规定,经国务院批准,符合条件的国有创业投资机构和国有创业投资引导基金,投资于未上市中小企业形成的国有股,可申请豁免国有股转持义务。

2015年8月11日,财政部下发《关于取消豁免国有创业投资机构和国有创业投资引导基金国有股转持义务审批事项后有关管理工作的通知》,对取消审批豁免创投机构和引导基金国有股转持义务事项后的有关管理工作做了要求。

1. 可豁免国有股转持的条件

(1) 豁免国有股转持义务的创投机构资质要求。

(2) 豁免国有股转持义务的引导基金应当按照《关于创业投资引导基金规范设立与运作

的指导意见》（国办发〔2008〕116号）的规定，规范设立并运作。

（3）投资的未上市中小企业应当同时符合的条件。

1）经企业所在地县级以上劳动和社会保障部门或社会保险基金管理单位核定，职工人数不超过500人。

2）根据会计师事务所审计的年度合并会计报表，年销售（营业总收入）不超过2亿元，资产总额不超过2亿元。

（4）创投机构或引导基金投资于未上市中小企业，其投资时点以创投机构或引导基金投资后，被投资企业取得工商行政管理部门核发的法人营业执照或工商核准变更登记通知书的日期为准。

2. 豁免国有股转持的办理方式

（1）创投机构或引导基金在被投资企业股东大会审议通过首次公开发行股票并上市议案后，自行确定是否符合豁免国有股转持义务条件。

（2）自行确定符合豁免国有股转持义务条件的创投机构或引导基金，应登录中国投资协会股权和创业投资专业委员会官网或中国证券投资基金业协会官网，下载并如实填报《豁免国有创业投资机构或国有创业投资引导基金国有股转持义务有关信息公示表》；连同创投机构营业执照、备案管理部门同意创投机构备案文件及近一年年检结果的通知或中国证券投资基金业协会出具的资格审查无异议函、创投机构或引导基金初始投资时点的上一年度未被投资企业职工人数证明、省级以上国有资产管理部门出具的被投资企业国有股权管理批复文件等资料的扫描件，在中国投资协会股权和创业投资专业委员会官网或中国证券投资基金业协会官网"信息公示"栏目向社会进行公示，公示期不少于20个工作日，接受社会监督。

（3）在中国投资协会股权和创业投资专业委员会官网或中国证券投资基金业协会官网公示的同时，创投机构或引导基金应同时登录财政部官网，下载《豁免国有创业投资机构或国有创业投资引导基金国有股转持义务公示情况表》（以下简称《公示情况表》），填写完成后发送至财政部资产管理司。

（4）公示期满社会公众无异议的，财政部将在《公示情况表》"公示结果"栏标注"公示无异议"字样。

（5）财政部在公示期满或核查确认后，将在财政部官网公布公示结果。创投机构或引导基金应及时登录相关网页查看公示结果，并可下载打印标注"公示无异议"或"公示有异议，经核查符合条件"字样的页面，作为被投资企业向证券监管部门提交公开发行并上市申请的附件。证券监管部门可登录财政部官网查询创投机构或引导基金豁免国有股转持义务公示结果的真实性。

四、促进创业投资发展的相关政策措施

2016年9月，国务院发布《国务院关于促进创业投资持续健康发展的若干意见》，因其提出了十条促进创业投资持续健康发展的纲领性意见，被称为"创投国十条"。该意见提出了16项支持创业投资发展的具体措施，见表9-7。

表 9-7　支持创业投资发展的具体措施

措施	具体内容
大力培育和发展合格投资者	在风险可控、安全流动的前提下,支持中央企业、地方国有企业、保险公司、大学基金等各类机构投资者投资创业投资企业和创业投资母基金
	培育合格个人投资者,支持具有风险识别和风险承受能力的个人参与投资创业投资企业
建立股权债权等联动机制,拓宽创投资金来源	按照依法合规、风险可控、商业可持续的原则,建立创业投资企业与各类金融机构长期性、市场化合作机制,进一步降低商业保险资金进入创业投资领域的门槛,推动发展投贷联动、保投联动、投债联动等新模式,不断加大对创业投资企业的投融资支持
	(1) 支持银行业金融机构积极稳妥开展并购贷款业务,提高对创业企业兼并重组的金融服务水平 (2) 完善银行业金融机构投贷联动机制,稳妥有序推进投贷联动业务试点,推动投贷联动金融服务模式创新; (3) 支持创业投资企业及其股东依法依规发行企业债券和其他债务融资工具融资,增强投资能力
完善创业投资税收政策	按照税收中性、税收公平原则和税制改革方向与要求,统筹研究鼓励创业投资企业投资种子期、初创期等科技型企业的税收支持政策,进一步完善创业投资企业投资抵扣税收优惠政策
建立创业投资与政府项目对接机制	在全面创新改革试验区域、双创示范基地、国家高新区等,开放项目(企业)资源,充分利用政府项目资源优势,搭建创业投资与企业信息共享平台,打通创业资本和项目之间的通道,引导创业投资企业投资于国家科技计划形成科技成果的转化
研究鼓励长期投资的政策措施	倡导长期投资和价值投资理念,研究对专注于长期投资和价值投资的创业投资企业在企业债券发行、引导基金扶持、政府项目对接、市场化退出等方面给予必要的政策支持
	研究建立所投资企业上市解禁期与上市前投资期限长短反向挂钩的制度安排
发挥政府资金的引导作用	鼓励创业投资引导基金注资市场化母基金,由专业化创业投资管理机构受托管理引导基金。综合运用参股基金、联合投资、融资担保、政府出资适当让利于社会出资等多种方式,进一步发挥政府资金在引导民间投资、扩大直接融资、弥补市场失灵等方面的作用。建立并完善创业投资引导基金中政府出资的绩效评价制度
构建符合创业投资行业特点的法制环境	进一步完善促进创业投资发展相关法律法规,研究推动相关立法工作,推动完善《公司法》和《合伙企业法》。完善创业投资相关管理制度,对创业投资企业和创业投资管理企业实行差异化监管和行业自律。完善外商投资创业投资企业管理制度
落实和完善国有创业投资管理制度	鼓励国有企业,开拓广阔市场空间,增强国有企业竞争力
	支持有需求、有条件的国有企业依法依规、按照市场化方式设立或参股创业投资企业和创业投资母基金
拓宽创业投资市场化退出渠道	充分发挥主板、创业板、全国中小企业股份转让系统以及区域性股权市场功能,畅通创业投资市场化退出渠道
优化监管环境	坚持适度监管、差异监管和统一功能监管,创新监管方式,有效防范系统性、区域性风险
优化商事环境	各地区、各部门不得自行出台限制创业投资企业和创业投资管理企业市场准入和发展的有关政策。持续深化商事制度改革,提高工商登记注册便利化水平
优化信用环境	有关部门、行业组织和社会征信机构要进一步建立健全创业投资企业、创业投资管理企业及其从业人员信用记录,实现创业投资领域信用记录全覆盖。建立健全创业投资行业信用服务机制,推广使用信用产品
有序扩大创业投资对外开放	发展创业投资要坚持走开放式发展道路,通过吸引境外投资,引进国际先进经验、技术和管理模式,提升我国创业投资企业的国际竞争力
	允许外资创业投资企业按照实际投资规模将外汇资本金汇结所得的人民币划入被投资企业

续表

措施	具体内容
鼓励境内有实力的创业投资企业积极稳妥"走出去"	完善境外投资相关管理制度,引导和鼓励创业投资企业加大对境外及港澳台地区高端研发项目的投资,积极分享高端技术成果
健全创业投资服务系统	加强与创业投资相关的法律、咨询、教育培训、会计、征信、信息、托管等各类中介服务体系建设
加强各方统筹协调	加强政策顶层设计和统筹协调
	建立相关政府部门促进创业投资行业发展的信息共享机制

行业自律管理

本章共包含三个小节。

第一节主要讲述了中国证券投资基金业协会的性质以及八大职责。

第二节主要讲述了登记与备案的原则、要求、方式、内容及相关的自律管理措施，出具法律意见书的要求及重点内容。

第三节主要讲述了募集行为、信息披露、内部控制、基金合同及服务业务等自律管理的相关内容。

知识结构

- **行业自律管理**
  - **行业自律概述**: 中国证券投资基金业协会是股权投资基金行业的自律组织,是社会团体法人;中国证券投资基金业协会的职责(8项)
  - **登记与备案**: 登记与备案的原则(2个)、要求(4个)、内容、自律管理措施
  - **其他自律管理**
    - 募集行为
    - 信息披露
    - 内部控制管理
    - 基金合同
    - 服务业管理

第一节 行业自律概述

中国证券投资基金业协会(以下简称基金业协会)是我国基金行业的自律组织。2012年12月修订通过的《证券投资基金法》,对基金行业协会的性质、职责等做出了明确规定。

一、中国证券投资基金业协会的性质和职责

中国证券投资基金业协会的性质和职责见表10-1。

表10-1 中国证券投资基金业协会的性质和职责

项目	具体内容
性质	中国证券投资基金业协会是法定自律性组织。所谓自律,是指由协会会员通过订立章程对协会进行自我管理、自我约束,但不否定有关部门依法对其进行行政上的监督管理
	中国证券投资基金业协会是社会团体法人。所谓社会团体法人,是指由市场主体自愿组织成立的从事社会公益、学术研究、文学艺术等活动的一种法人。特点是:①市场主体自愿成立;②自愿成立的成员自愿出资成立自己的团体财产或者基金,该财产或者基金属于团体所有;③成员共同制定团体的章程;④以自己所有的财产承担民事责任;⑤不以营利为目的
职责	教育和组织会员遵守有关证券投资的法律、行政法规,维护投资人合法权益
	依法维护会员的合法权益,反映会员的建议和要求
	制定和实施行业自律规则,监督、检查会员及其从业人员的执业行为,对违反自律规则和协会章程的,按照规定给予纪律处分
	制定行业执业标准和业务规范,组织基金从业人员的从业考试、资质管理和业务培训
	提供会员服务,组织行业交流,推动行业创新,开展行业宣传和投资人教育活动
	对会员之间、会员与客户之间发生的基金业务纠纷进行调解
	依法办理非公开募集基金的登记、备案
	协会章程规定的其他职责

拓展链接

(1) 2014年1月17日,基金业协会根据《证券投资基金法》以及中国证监会的授权,发布《私募投资基金管理人登记和基金备案办法(试行)》,明确基金业协会办理私募基金管理人登记和私募基金备案,成为股权基金业务主要的行业自律组织。

(2) 2014年6月10日,中国证监会下发《关于做好有关私募产品备案管理及风险监测工作的通知》,中国证券业协会和中证资本市场发展监测中心原承担的三项职责划归基金业协会。包括:①证券公司客户资产管理计划备案和监测监控工作;②证券公司直投基金备案和监测监控工作;③基金管理公司及其子公司特定客户资产管理业务备案管理、统计监测工作。

(3) 2014年8月21日,中国证监会发布《私募投资基金监督管理暂行办法》,规范了私募基金的管理。

> **考点回顾｜单项选择题**
>
> 我国的基金自律组织是（　　）。
> A. 证券交易所　　　　　　　　B. 中国证监会
> C. 中国证券投资基金业协会　　D. 中国人民银行
> 【答案】C
> 【解析】中国证券投资基金业协会是我国的基金自律组织，是社会团体法人。

二、中国证券投资基金业协会的组成

《证券投资基金法》规定，基金行业协会的权力机构为全体会员组成的会员大会。基金行业协会设理事会。理事会成员依章程的规定由选举产生。

会员代表大会负责制定和修改章程，是基金业协会的最高权力机构。

基金业协会设理事会，理事会是会员代表大会闭会期间的执行机构，在会员代表大会闭会期间领导本团体开展日常活动，对会员代表大会负责。

基金业协会设监事会，监事会是基金业协会的监督机构，对会员代表大会负责，监督基金业协会各项执行工作。

基金业协会设专职会长一名，专职副会长一名，兼职副会长若干名，监事长一名，副监事长一名，设秘书长一名，副秘书长若干名。会长、副会长组成会长会议，会长会议研究讨论行业发展重大问题，审议专业委员工作情况。会长、专职副会长、秘书长、副秘书长组成会长办公会。

基金业协会组成部分及行使职权见表10-2。

表10-2　基金业协会组成部分及行使职权

组成部分	行使职权
会员代表大会	①选举和罢免理事、监事；②审议理事会工作报告和财务报告，审议监事会工作报告；③制定和修改会费标准；④决定本团体的合并、分立、终止事项；⑤决定其他应由会员代表大会审议的重大事宜
理事会	①筹备召开会员代表大会，向会员代表大会报告工作；②贯彻、执行会员代表大会的决议；③审议通过自律规则、行业标准和业务规范；④选举和罢免本团体会长、副会长、秘书长；⑤决定副秘书长、各专业委员会主要负责人；⑥提议召开临时会员代表大会；⑦决定办事机构和专业委员会的设立、变更和注销；⑧审议年度工作报告、工作计划和财务报告；⑨审议年度财务预算、决算；⑩审议会长办公会提请审议的各项议案；⑪决定其他应由理事会审议的重大事项
监事会	①监督本团体章程、会员代表大会各项决议的实施情况并向会员代表大会报告；②列席理事会会议，监督理事会工作；③选举和罢免监事长、副监事长；④审查本团体财务报告并向会员代表大会报告审查结果；⑤向会员代表大会、中国证监会和民政部以及税务、会计主管部门反映本团体工作中存在的问题，并提出监督意见；⑥决定其他应由监事会审议的事项
会长办公会	①贯彻执行会员代表大会、理事会的决议；②决定召开理事会临时会议；③决定本团体日常工作重大事项；④组织实施本团体各项规章制度以及年度工作计划和年度财务预算的实施；⑤提出理事会会议议题的建议；⑥制定本团体内部管理制度；⑦决定专职工作人员的聘任；⑧决定会员的入会、退会；⑨会员代表大会、理事会授予的其他职权

第二节 登记与备案

一、登记与备案的背景和意义

(一)登记与备案的背景

(1) 2013年修订后的《证券投资基金法》明确规定,基金业协会"依法办理非公开募集基金的登记、备案"。

(2) 基金业协会于2014年1月17日发布了《私募投资基金管理人登记和基金备案办法(试行)》(以下简称《登记备案办法》)。该办法明确规定基金业协会负责办理基金管理人登记及私募基金备案,对私募基金业务活动进行自律管理。

(3) 2014年8月21日,中国证监会颁布了《私募投资基金监督管理暂行办法》(以下简称《监管暂行办法》),再次明确规定各类基金管理人应当根据基金业协会的规定,向基金业协会申请登记,并且基金业协会应当建立基金管理人登记、私募基金备案管理信息系统。

(4) 基金业协会从2014年至2016年陆续发布了一系列《私募基金登记备案相关问题解答》,后续也将根据登记备案的具体情况继续发布关于登记备案相关问题的解答。

(5) 2016年2月5日,基金业协会发布了《关于进一步规范基金管理人登记若干事项的公告》(以下简称《登记公告》),对基金管理人的登记、基金备案提出了新的规定,即取消基金管理人登记证明、加强信息报送、基金管理人登记和重大事项变更提交法律意见书以及高管从业人员资格管理。根据《登记公告》,基金业协会还发布了《私募基金管理登记法律意见书指引》,为律师事务所在基金管理人登记备案中出具法律意见书提供方向性指引。

中国证监会颁布的《监管暂行办法》、基金业协会发布的《登记备案办法》及关于登记备案的系列问题解答和相关指引构成了股权投资基金登记备案的完整的规则体系。

★考点回顾 单项选择题

证券投资基金业协会从( )年年初开始,对包括股权投资基金管理人在内的私募基金管理人进行登记,对其所管理的基金进行备案,并陆续发布相关自律规则。

A. 2012　　　　　　　　　　　　　B. 2013
C. 2014　　　　　　　　　　　　　D. 2015

【答案】C

【解析】基金业协会于2014年1月17日发布了《私募投资基金管理人登记和基金备案办法(试行)》(以下简称《登记备案办法》)。该办法明确规定基金业协会负责办理基金管理人登记及私募基金备案,对私募基金业务活动进行自律管理。

(二)登记与备案的意义

(1) 可以加强机构自身合规运作和信息披露的意识。

(2) 投资者可以通过基金业协会获悉管理人及基金的基本信息。

(3) 基金业协会可以对以私募为名进行的公募、内幕交易、非法集资等非法活动加强自律管理。通过登记、备案的手段,实现改善股权投资基金行业环境、促进行业规范发展的目标。

> **注意**
>
> 基金业协会为股权投资基金管理人和股权投资基金办理登记备案并不构成对股权投资基金管理人投资能力、持续合规情况的认可，也不能作为对基金财产安全的保证。基金管理人在登记备案后应按照相关规定继续合规运营，按时报送信息，严格履行管理人职责，保障基金财产的独立性和安全性。

二、登记与备案的原则和基本要求

（一）登记与备案的原则

1. 及时性

（1）基金管理人取得营业执照后，在进行基金的募集前，应当及时向基金业协会进行登记。未经登记，不得进行基金的募集。

（2）登记申请材料不完备或不符合规定的，基金管理人应根据基金业协会的要求及时补正。申请登记期间，登记事项发生重大变化的，基金管理人应当及时告知基金业协会并变更申请登记内容。如基金管理人在办结登记手续之日起 6 个月内仍未备案首只私募基金产品的，基金业协会将注销该基金管理人的登记。

（3）基金管理人变更控股股东、实际控制人或者法定代表人（执行事务合伙人）的，属于重大事项变更。基金管理人应当根据基金合同的约定，向投资者如实、及时、准确、完整地披露相关变更情况或获得投资者认可。对于上述事项，管理人应当在完成工商变更登记后的 10 个工作日内，通过资产管理业务综合报送平台向基金业协会进行重大事项变更。

（4）各类私募基金募集完毕后的 20 个工作日内，基金管理人应对所募集的基金进行备案。

2. 信息报送的真实性、准确性、完整性、合规性

（1）真实性。基金管理人申请登记，应当通过资产报送业务综合报送平台，如实填报基金管理人基本信息、高级管理人员及其他从业人员基本信息、股东或合伙人基本信息、管理基金基本信息；在基金备案时，应根据私募基金的主要投资方向注明基金类别，如实填报基金名称、资本规模、投资者、基金合同（公司章程或者合伙协议，以下统称基金合同）等基本信息。

（2）准确性。基金管理人申请登记和基金备案时，应填报准确的信息，所填报的信息内容应保证质量，尽可能详尽、具体，且表述准确规范。

（3）完整性。基金管理人披露的信息在内容上必须完整，不得有重大遗漏。

（4）合规性。基金管理人应当按照相关法律法规和基金业协会的要求报送信息，所报送的信息的形式和内容应符合法律、法规和自律规则的规定。

★ 考点回顾 单项选择题

私募基金管理人应当在私募基金募集完毕后（　　）个工作日内，通过私募基金登记备案系统进行备案。

A. 5　　　　　　　B. 10　　　　　　　C. 15　　　　　　　D. 20

【答案】D

【解析】各类私募基金募集完毕后的 20 个工作日内，基金管理人应对所募集的基金进行备案。

（二）登记与备案的基本要求

1. 主体资格要求

基金管理人只能为依法设立的公司或者合伙企业，自然人不能登记为基金管理人。

2. 专业化经营要求

（1）基金管理人的主营业务应为私募基金管理业务，不得兼营与私募基金无关的业务。

（2）基金管理人的名称和经营范围中应当包含"基金管理""投资管理""资产管理""股权投资""创业投资"等与基金投资管理业务相关的字样。

（3）同一基金管理人不可兼营多种类型的基金管理业务。

3. 防范利益冲突要求

（1）基金管理人管理可能导致利益输送或者利益冲突的不同私募基金的，应当建立防范利益输送和利益冲突的机制。

（2）基金管理人不得兼营与私募基金业务存在冲突的业务、与"投资管理"的买方业务存在冲突的业务、其他非金融业务。

私募证券投资基金类管理人不得兼营"投资咨询"业务。对于兼营民间借贷、民间融资、配资业务、小额理财、小额借贷、P2P/P2B、众筹、保理、担保、房地产开发、交易平台等业务的申请机构，由于这些业务与私募基金的属性相冲突，将不予登记。

4. 运营基本设施和条件要求

（1）基金管理人应当具备开展基金管理业务的从业人员和实际的经营场所，其从业人员的人数应当与其内部机构的设置和内控制度相匹配，并且应当具备相应数量的专职的高管人员。

（2）基金管理人应当具备充足的资本金，以维持一定期间内的基金管理人的人员工资、办公开支、租赁费用等运营费用支出。

三、登记与备案的方式

（1）基金管理人进行登记与基金备案，主要通过基金业协会的资产管理业务综合报送平台提交相关材料或信息。

（2）基金管理人提供的登记申请材料完备的，基金业协会应当自收齐登记材料之日起20个工作日内，以通过网站公示基金管理人基本情况的方式，为基金管理人办结登记手续。

网站公示的基金管理人的基本情况包括：基金管理人的名称、成立时间、登记时间、住所、联系方式、主要负责人等基本信息以及基本诚信信息。

（3）基金管理人变更控股股东、实际控制人或者法定代表人（执行事务合伙人）（以下统称重大事项变更）的，基金管理人应就重大事项变更向基金业协会进行变更登记。

（4）基金业协会可以采取约谈高级管理人员、现场检查、向中国证监会及其派出机构、相关专业协会征询意见等方式对基金管理人提供的登记申请材料进行核查。

（5）股权投资基金备案材料完备且符合要求的，基金业协会应当自收齐备案材料之日起20个工作日内，以通过网站公示股权投资基金基本情况的方式，为股权投资基金办结备案手续。

网站公示的股权投资基金基本情况包括：基金的名称、成立时间、备案时间、主要投资领域、基金管理人及基金托管人等基本信息。

四、登记与备案的内容

(一) 基金管理人登记的内容

(1) 工商登记和营业执照正副本复印件。
(2) 公司章程或者合伙协议。
(3) 主要股东或者合伙人名单。
(4) 高级管理人员的基本信息。
(5) 基金管理人的基本制度。
(6) 法律意见书。
(7) 基金业协会要求提交的其他材料。

(二) 基金备案的内容

(1) 主要投资方向及根据主要投资方向注明的基金类别。
(2) 基金合同、公司章程或者合伙协议。资金募集过程中向投资者提供基金招募说明书的，应当报送基金招募说明书。以公司、合伙等企业形式设立的股权投资基金，还应当报送工商登记和营业执照正副本复印件。
(3) 采取委托管理方式的，应当报送委托管理协议。
(4) 委托托管机构托管基金财产的，还应当报送托管协议。
(5) 基金业协会规定的其他信息。

基金运行期间，如发生以下重大事项的，基金管理人应当在5个工作日内向基金业协会报告：

(1) 基金合同发生重大变化。
(2) 基金发生清盘或清算。
(3) 基金管理人、基金托管人发生变更。
(4) 对基金持续运行、投资者利益、资产净值产生重大影响的其他事件。

五、出具法律意见书的基本要求

为了进一步完善股权投资基金登记备案制度，引导基金管理人规范其自身和基金的治理，基金业协会引入法律中介机构，要求律师事务所按照证券法律服务的标准对基金管理人进行尽职调查并出具核查的法律意见书。

凡在中国境内依法设立、可就中国法律事项发表专业意见的律师事务所及其中国执业律师，均可受聘按照《基金管理人登记法律意见书指引》的要求出具法律意见书。出具法律意见书时，律师事务所和经办律师应当遵循如下要求：

(1) 参照《律师事务所从事证券法律业务管理办法》和《律师事务所证券法律业务执业规则（试行）》的相关要求，法律意见书的内容应当包含完整的尽职调查过程描述，对有关事实、法律问题做出认定和判断的适当证据和理由。

(2) 按照《基金管理人登记法律意见书指引》，就各具体事项逐项发表明确意见，并就基金管理人登记申请是否符合基金业协会的相关要求发表整体结论性意见。

(3) 法律意见书的陈述文字应当逻辑严密，论证充分，所涉指代主体名称、出具的专业法律意见内容具体明确。

（4）参照《律师事务所证券法律业务执业规则（试行）》根据实际需要采取合理的方式和手段，获取适当的证据材料。

（5）法律意见书应当包含律师事务所及其经办律师的承诺信息。

（6）在法律意见书上签字签章齐全，出具日期清晰明确。

（7）恪尽职守、勤勉尽责地对基金管理人或申请机构相关情况进行尽职调查，根据《基金管理人登记法律意见书指引》，独立、客观、公正地出具法律意见书。

六、出具法律意见书应重点核查的内容

法律意见书中律师应重点核查的内容包括下列方面。

（1）申请机构是否依法在中国境内设立并有效存续。

律师可要求申请机构提供有效的营业执照、公司章程，并调阅申请机构工商登记文件，在全国企业信用信息系统进行查询，确认申请机构的有效性、合法性。

（2）申请机构的工商登记文件所记载的经营范围是否符合国家相关法律法规的规定。申请机构的名称和经营范围中是否含有"基金管理""投资管理""资产管理""股权投资""创业投资"等与私募基金管理人业务属性密切相关字样；以及私募基金管理人名称中是否含有"私募"相关字样。

律师可根据申请机构有效的营业执照、公司章程确定其名称和经营范围，如不具备与基金管理人业务属性密切相关的字样，基金业协会将不予登记。

（3）申请机构是否符合《私募投资基金监督管理暂行办法》第二十二条专业化经营原则，说明申请机构主营业务是否为私募基金管理业务；申请机构的工商经营范围或实际经营业务中，是否兼营可能与私募投资基金业务存在冲突的业务、是否兼营与"投资管理"的买方业务存在冲突的业务、是否兼营其他非金融业务。

对于兼营民间借贷、民间融资、配资业务、P2P/P2B、众筹、保理、担保、小额理财、小额借贷、房地产开发、交易平台等业务的申请机构，需要提前进行业务剥离，业务重组完成后再出具法律意见书。

（4）申请机构股东的股权结构情况。申请机构是否有直接或间接控股或参股的境外股东；若有，请说明穿透后其境外股东是否符合现行法律法规的要求和中国证券投资基金业协会的规定。

律师需要核查股东的基本信息及股权结构，同时需要穿透核查以确定实际控制人的身份。穿透范围：自然人、国资控股企业或集体企业、上市公司、受国外金融监管部门监管的境外机构。

（5）申请机构是否具有实际控制人。若有，请说明实际控制人的身份或工商注册信息，以及实际控制人与申请机构的控制关系，并说明实际控制人能够对机构起到的实际支配作用。

律师应尽量要求申请机构提交完善的投资人资料和协议，以确定实际控制人对申请机构的实际影响和支配力。

（6）申请机构是否存在子公司（持股5%以上的金融企业、上市公司及持股20%以上的其他企业）、分支机构和其他关联方（受同一控股股东/实际控制人控制的金融企业、资产管理机构或相关服务机构）。若有，请说明情况及其子公司、关联方是否已登记为私募基金管理人。

律师通过核查发现存在子公司、分支机构和其他关联方的，还应当核查基金管理人与上

述子公司、分支机构和其他关联方可能产生的同业竞争、关联交易和风险隔离情况，是否具备有效的防范同业竞争、规范关联交易、进行风险隔离的制度，已发生的关联交易是否公允。其中，子公司是指持股5%以上的金融企业、上市公司及持股20%以上的其他企业；关联方是指受同一控股股东/实际控制人控制的金融企业、资产管理机构或相关服务机构。

（7）申请机构是否按规定具有开展私募基金管理业务所需的从业人员、营业场所、资本金等企业运营基本设施和条件。

律师可以通过调阅申请机构的从业人员的劳动合同、社保缴纳记录、租赁合同、租金缴付凭证、资本金缴纳凭证等相关资料，并至申请机构的实际经营地进行走访、核查申请机构是否具备必要的从业人员、营业场所和资本金，必要时可到申请机构的实际经营地进行走访。

（8）申请机构是否已制定风险管理和内部控制制度。是否已经根据其拟申请的私募基金管理业务类型建立了与之相适应的制度，包括（视具体业务类型而定）运营风险控制制度、信息披露制度、机构内部交易记录制度、防范内幕交易、利益冲突的投资交易制度、合格投资者风险揭示制度、合格投资者内部审核流程及相关制度、私募基金宣传推介、募集相关规范制度等。

核查和验证包括但不限于以下内容：

1）申请机构是否已制定上述所提及的完整的涉及机构运营关键环节的风险管理和内部控制制度。

2）判断相关风险管理和内部控制制度是否符合基金业协会《私募投资基金管理人内部控制指引》的规定。

3）评估上述制度是否具备有效执行的现实基础和条件。

（9）申请机构是否与其他机构签署基金外包服务协议，说明其外包服务协议情况及是否存在潜在风险。

律师应核查申请机构是否签署了外包服务协议以及外包服务协议的内容，并通过外包服务协议内容及现场调查了解申请人使用外包服务的原因、外包的具体事项、判断外包服务协议中存在的潜在风险。

（10）申请机构的高管人员是否具备基金从业资格，高管岗位设置是否符合中国证券投资基金业协会的要求。高管人员包括法定代表人/执行事务合伙人委派代表、总经理、副总经理（如有）和合规/风控负责人等。

获得基金从业资格的具体途径：通过考试申请、通过资格认定。

（11）申请机构是否受到刑事处罚、金融监管部门行政处罚或者被采取行政监管措施；申请机构及其高管人员是否受到行业协会的纪律处分；是否在资本市场诚信数据库中存在负面信息；是否被列入失信被执行人名单；是否被列入全国企业信用信息公示系统的经营异常名录或严重违法企业名录；是否在"信用中国"网站上存在不良信用记录等。

律师可通过网络等公开渠道，或者通过电话、当面到相关部门查询的方式获得上述信息。律师还应进行网络舆情信息查验，即通过互联网搜索的查验方式，对基金管理人的网络宣传推介行为进行查验。

（12）申请机构最近三年涉诉或仲裁的情况。

律师除了要求申请机构如实对其进行披露涉诉或仲裁情况外，还可以通过全国法院被执行人系统、中国裁判文书网等公开渠道对申请机构的涉诉或仲裁情况进行查询。

（13）申请机构向中国证券投资基金业协会提交的登记申请材料是否真实、准确、完整。

律师应当核查申请机构提交材料的真实性、准确性和完整性，并要求申请机构出具相应的承诺函。

(14) 经办执业律师及律师事务所认为需要说明的其他事项。

若系统填报信息与法律意见书不一致，则需要在法律意见书中说明。

七、登记与备案的自律管理措施

(一) 不予登记

按照《证券投资基金法》《私募投资基金监督管理暂行办法》《私募投资基金管理人登记和基金备案办法（试行）》《关于进一步规范私募基金管理人登记若干事项的公告》及相关自律管理规定，协会不予办理私募基金管理人登记的包括下列情形。

(1) 申请机构违反《证券投资基金法》《私募投资基金监督管理暂行办法》关于资金募集相关规定，在申请登记前违规发行私募基金，且存在公开宣传推介、向不合格投资者募集行为的。

(2) 申请机构存在虚假填报、恶意欺诈等行为。申请机构提供，或申请机构与律师事务所、会计师事务所及其他第三方中介机构等串谋提供虚假登记信息，或提交的登记信息存在误导性陈述、重大遗漏的。

(3) 申请机构兼营民间借贷、民间融资、配资业务、小额理财、小额借贷、P2P/P2B、众筹、保理、担保、房地产开发、交易平台等《私募基金登记备案相关问题解答（七）》规定的与私募基金业务相冲突业务的。

(4) 申请机构被列入企业信用信息公示系统严重违法企业公示名单的。

(5) 申请机构的高管人员最近三年存在重大失信记录，或最近三年被中国证监会采取市场禁入措施。

(6) 中国证监会和中国证券投资基金业协会认定的其他情形。

★ 考点回顾 | 单项选择题

某公司拟申请股权投资基金管理人登记，中国证券投资基金业协会在受理其申请登记材料后发现其被列入企业信用信息公示系统严重违法公示企业名单，中国证券投资基金业协会以下做法中符合规定的是（　　）。

A. 要求公司进行整改，整改后允许登记　　B. 列入异常机构名单
C. 不予登记　　D. 接受申请并予以登记

【答案】C

(二) 暂停受理私募基金产品备案申请

已登记的基金管理人在完成整改前，中国基金业协会暂停受理该机构的私募基金产品备案申请的情形：

(1) 基金管理人未按时履行季度、年度和重大事项信息报送更新义务的。

(2) 已登记的基金管理人因违反《企业信息公示暂行条例》相关规定，被列入企业信用信息公示系统严重违法企业公示名单的。

(3) 已登记的基金管理人未按要求提交经审计的年度财务报告的。

(三) 将管理人列入异常机构对外公示

基金业协会列入异常机构名单并通过私募基金管理人公示平台对外公示,一旦基金管理人作为异常机构公示,即使整改完毕,至少 6 个月后才能恢复正常机构公示状态的包括下列情形。

(1) 基金管理人未按时履行季度、年度和重大事项信息报送更新义务累计达 2 次的。

(2) 已登记的基金管理人因违反《企业信息公示暂行条例》相关规定,被列入企业信用信息公示系统严重违法企业公示名单的。

(3) 已登记的基金管理人未按要求提交经审计的年度财务报告的。

★ 考点回顾 | 单项选择题

一旦私募基金管理人作为异常机构公示,即使整改完毕,至少(　　)个月后才能恢复正常机构公示状态。

A. 3　　　　　　B. 6　　　　　　C. 9　　　　　　D. 12

【答案】B

第三节　其他自律管理

一、募集行为

(一) 募集行为管理

募集行为管理的具体内容见表 10-3。

表 10-3　募集行为管理

项目		具体内容
募集主体		在中国证券投资基金业协会办理股权投资基金管理人登记的机构,可以自行募集其设立的股权投资基金
		在中国证监会注册取得基金销售业务资格且已成为中国证券投资基金业协会会员的机构(基金销售机构),可以受股权投资基金管理人的委托募集股权投资基金
募集程序	特定对象确定	①采取问卷调查评估投资者的风险识别能力和风险承担能力;②投资者书面承诺其符合合格投资者标准
	投资者风险等级划分	投资者分为专业投资者和普通投资者,未对投资者进行分类的,要履行普通投资者适当性义务。基金募集机构对普通投资者要按照风险承受能力由低到高分为 C1、C2、C3、C4、C5 五种类型
	基金风险类型评估	基金产品的风险等级按照风险由低到高的顺序,至少划分为 R1、R2、R3、R4、R5 五个等级
	投资者适当性匹配	基金募集机构要制定普通投资者和基金产品匹配的方法、流程,明确各个岗位在执行投资者适当性管理过程中的职责
	基金风险揭示	①特殊风险。包括基金合同与基金业协会合同指引不一致所涉风险、基金未托管所涉风险、基金委托募集所涉风险、外包事项所涉风险、聘请投资顾问所涉风险、未在基金业协会登记备案的风险等。②一般风险。包括资金损失风险、基金运营风险、流动性风险、募集失败风险、投资标的风险、税收风险等。③基金募集机构应对基金合同中的投资者权益相关重要条款与投资者逐项确认。包括当事人权利义务、费用及税收、纠纷解决方式等
	合格投资者确认	募集机构应当要求投资者提供必要的资产证明文件或收入证明,审慎确定合格投资者

续表

项目		具体内容
募集程序	投资冷静期	设置不少于24小时的投资冷静期。在投资冷静期内,募集机构不得主动联系投资者,但并不禁止投资者主动联系募集机构
	回访确认	冷静期届满后,募集机构从事基金销售推介业务以外的人员应当以录音电话、电邮、信函等留痕方式进行回访,回访过程不得出现诱导性陈述。投资冷静期内的回访无效
禁止性行为		公开推介或者变相公开推介
		推介材料虚假记载、误导性陈述或者重大遗漏
		以任何方式承诺投资者资金不受损失,或者以任何方式承诺投资者最低收益,包括宣传"预期收益""预计收益""预测投资业绩"等相关内容
		夸大或者片面推介基金,违规使用"安全""保证""承诺""保险""避险""有保障""高收益""无风险"等可能误导投资人进行风险判断的措辞
		使用"欲购从速""申购良机"等片面强调集中营销时间限制的措辞
		推介或片面节选少于6个月的过往整体业绩或过往基金产品业绩
		登载个人、法人或者其他组织的祝贺性、恭维性或推荐性的文字
		采用不具有可比性、公平性、准确性、权威性的数据来源和方法进行业绩比较,任意使用"业绩最佳""规模最大"等相关措辞
		恶意贬低同行
		允许非本机构雇佣的人员进行私募基金推介
		推介非本机构设立或负责募集的私募基金
		法律、行政法规、中国证监会和中国证券投资基金业协会禁止的其他行为
禁止性推介渠道		公开出版资料
		面向社会公众的宣传单、布告、手册、信函、传真
		海报、户外广告
		电视、电影、电台及其他音像等公共传播媒体
		公共网站、门户网站链接广告、博客等
		未设置特定对象确定程序的募集机构官方网站、微信朋友圈等互联网媒介
		未设置特定对象确定程序的讲座、报告会、分析会
		未设置特定对象确定程序的电话、短信和电子邮件等通信媒介
		法律、行政法规、中国证监会规定和基金业协会自律规则禁止的其他行为

股权投资基金管理人委托基金销售机构募集股权投资基金的,应当签订书面基金销售协议,并且协议中关于基金管理人与基金销售机构权利义务划分以及其他涉及投资者利益的部分应当作为基金合同的附件。如果基金销售协议与作为基金合同附件的关于基金销售的内容不一致的,以基金合同附件为准。

股权投资基金募集时，一般按照如下程序进行：特定对象确定→基金风险类型评估→投资者适当性匹配→基金风险揭示→合格投资者确认→投资冷静期→回访确认。

基金产品风险等级划分参考标准为：

（1）R1风险等级的基金产品结构简单，过往业绩及净值的历史波动率低，投资标的流动性很好，不含衍生品，估值政策清晰，杠杆不超过监管部门规定的标准。

（2）R2风险等级的基金产品结构简单，过往业绩及净值的历史波动率较低，投资标的流动性好，投资衍生品以套期保值为目的，估值政策清晰，杠杆不超过监管部门规定的标准。

（3）R3风险等级的基金产品结构较简单，过往业绩及净值的历史波动率较高，投资标的流动性较好，投资衍生品以对冲为目的，估值政策清晰，杠杆不超过监管部门规定的标准。

（4）R4风险等级的基金产品结构较复杂，过往业绩及净值的历史波动率高，投资标的流动性较差，估值政策清晰，一倍（不含）以上三倍（不含）以下杠杆。

（5）R5风险等级的基金产品结构复杂，过往业绩及净值的历史波动率很高，投资标的流动性差，估值政策不清晰，三倍（含）以上杠杆。

注意

（1）募集机构对投资者进行风险评估的结果的有效期不得超过3年，逾期需要重新评估，但投资者持有同一股权投资基金产品超过3年的情形除外。如果募集机构线上募集，也应当履行特定对象确定程序。

（2）基金募集机构可以将C1中符合下列情形之一的自然人，作为风险承受能力最低类别投资者：①不具有完全民事行为能力；②没有风险容忍度或者不愿承受任何投资损失；③法律、行政法规规定的其他情形。

★考点回顾 单项选择题

在向投资者推介私募基金之前，募集机构对投资者风险识别能力和风险承担能力进行评估，评估结果有效期最长不得超过（　　）年。

A. 2　　　　　　　　　　　　　　B. 1
C. 3　　　　　　　　　　　　　　D. 5

【答案】C

【解析】募集机构对投资者进行风险评估的结果的有效期不得超过3年，逾期需要重新评估，但投资者持有同一股权投资基金产品超过3年的情形除外。

（二）投资者适当性管理的要求

根据投资者适当性管理的要求，基金募集机构应当明确各个岗位在执行投资者适当性管理过程中所应当承担的职责。

匹配方法至少要在普通投资者的风险承受能力类型和基金产品的风险等级之间建立合理的对应关系，同时在建立对应关系的基础上将基金产品风险超越普通投资者风险承受能力的情况定义为风险不匹配。

基金募集机构要根据普通投资者风险承受能力和基金产品的风险等级建立如下适当性匹配原则：

（1）C1型（含风险承受能力最低类别）普通投资者可以购买R1级基金产品。

（2）C2型普通投资者可以购买R2级及以下风险等级的基金产品。

（3）C3 型普通投资者可以购买 R3 级及以下风险等级的基金产品。

（4）C4 型普通投资者可以购买 R4 级及以下风险等级的基金产品。

（5）C5 型普通投资者可以购买所有风险等级的基金产品。

风险承受能力最低类别的普通投资者不得购买高于其风险承受能力的基金产品。除因遗产继承等特殊原因产生的基金份额转让之外，普通投资者主动购买高于其风险承受能力基金产品或者服务的行为，不得突破相关准入资格的限制。

普通投资者主动要求购买与之风险承受能力不匹配的基金产品的，基金销售应遵循如下程序：

（1）普通投资者主动向基金募集机构提出申请，明确表示要求购买具体的、高于其风险承受能力的基金产品，并同时声明，基金募集机构及其工作人员没有在基金销售过程中主动推介该基金产品或服务的信息。

（2）基金募集机构对普通投资者资格进行审核，确认其不属于风险承受能力最低类别投资者，也没有违反投资者准入性规定。

（3）基金募集机构向普通投资者以纸质或电子文档的方式进行特别警示，告知其该产品或服务风险高于投资者承受能力。

（4）普通投资者对该警示进行确认，表示已充分知晓该基金产品或者服务风险高于其承受能力，并明确作出愿意自行承担相应不利结果的意思表示。

（5）基金募集机构履行特别警示义务后，普通投资者仍坚持购买该产品的，基金募集机构可以向其销售相关产品。

考点回顾 单项选择题

股权投资基金募集履行程序包括（　　）。

Ⅰ．特定对象的确定

Ⅱ．投资者适当性匹配

Ⅲ．基金风险揭示

Ⅳ．合格投资者确认

A．Ⅰ、Ⅱ、Ⅳ B．Ⅰ、Ⅲ、Ⅳ

C．Ⅱ、Ⅲ、Ⅳ D．Ⅰ、Ⅱ、Ⅲ、Ⅳ

【答案】D

【解析】股权投资基金募集履行程序包括：①特定对象确定；②投资者风险等级划分；③基金风险类型评估；④投资者适当性匹配；⑤基金风险揭示；⑥合格投资者确认；⑦投资冷静期；⑧回访确认。

二、信息披露

为了加强私募基金信息披露的制度建设，规范股权投资基金信息披露义务人向投资者进行披露的内容和方式，中国证券投资基金业协会出台了《私募投资基金信息披露管理办法》（简称《信披办法》）。该办法有利于保障私募基金投资者的知情权，从而保护私募基金投资者的合法权益，促进市场资源的合理配置。

（一）信息披露的主要内容

1. 基金募集期间应当披露的信息

（1）基金的基本信息。
（2）管理人的基本信息。
（3）基金的投资信息。
（4）基金的募集期限。
（5）基金估值政策、程序和定价模式。
（6）基金合同的主要条款。
（7）基金的申购与赎回安排。
（8）基金管理人最近3年的诚信情况说明。
（9）其他事项。

2. 基金运行期间应当披露的信息

（1）季度披露。信息披露义务人应当在每季度结束之日起10个工作日以内向投资者披露基金净值、主要财务指标以及投资组合情况等信息。

（2）年度披露。信息披露义务人应当在每年结束之日起4个月以内向投资者披露报告期末基金净值和基金份额总额、基金的财务情况、基金投资运作情况和运用杠杆情况、投资者账户信息、投资收益分配和损失承担情况、基金管理人取得的管理费和业绩报酬。

> **注意**
> 涉及重大事项的，信息披露义务人应当按照基金合同的约定及时向投资者披露。

★ 考点回顾 | 单项选择题

股权投资基金运行期间，信息披露义务人应当及时进行的定期信息披露包括（　　）。

Ⅰ. 月度信息披露　　　　　　　　Ⅱ. 季度信息披露
Ⅲ. 年度信息披露

A. Ⅰ、Ⅱ
B. Ⅱ、Ⅲ
C. Ⅰ、Ⅲ
D. Ⅰ、Ⅱ、Ⅲ

【答案】B

【解析】股权投资基金运行期间，信息披露义务人应当及时进行日常经营信息的定期信息披露和重大事项的即时披露。定期信息披露包括季度信息披露、年度信息披露。

（二）信息披露的禁止性行为

（1）公开披露或者变相公开披露。
（2）虚假记载、误导性陈述或者重大遗漏。
（3）对投资业绩进行预测。
（4）违规承诺收益或者承担损失。
（5）诋毁其他基金管理人、基金托管人或者基金销售机构。
（6）登载任何自然人、法人或者其他组织的祝贺性、恭维性或推荐性文字。
（7）采用不具有可比性、公平性、准确性、权威性的数据来源和方法进行业绩比较，任意使用"业绩最佳""规模最大"等相关措辞。

(8) 法律、行政法规、中国证监会和基金业协会禁止的其他行为。

考点回顾｜单项选择题

下列属于信息披露义务人的禁止行为的是（　　）。
Ⅰ．虚假记载、误导性陈述或者重大遗漏
Ⅱ．对投资业绩进行预测
Ⅲ．违规承诺收益或者承担损失
Ⅳ．诋毁其他基金管理人、基金托管人或者基金销售机构
A．Ⅰ、Ⅱ、Ⅲ
B．Ⅰ、Ⅲ、Ⅳ
C．Ⅱ、Ⅲ、Ⅳ
D．Ⅰ、Ⅱ、Ⅲ、Ⅳ

【答案】D
【解析】信息披露义务人的禁止行为包括：①公开披露或者变相公平披露；②虚假记载、误导性陈述或者重大遗漏；③对投资业绩进行预测；④违规承诺收益或者承担损失；⑤诋毁其他基金管理人、基金托管人或者基金销售机构；⑥登载任何自然人、法人或者其他组织的祝贺性、恭维性或推荐性的文字；⑦采用不具有可比性、公平性、准确性、权威性的数据来源和方法进行业绩比较，任意使用"业绩最佳""规模最大"等相关措辞；⑧法律、行政法规、中国证监会和中国基金业协会禁止的其他行为。

（三）信息披露的自律管理措施

(1) 信息披露义务人违反《信披办法》的，投资者可以向基金业协会投诉或举报，基金业协会可以要求其限期改正；逾期未改正的，基金业协会可以视情节轻重对信息披露义务人及主要负责人采取谈话提醒、书面警示、要求参加强制培训、行业内谴责、加入黑名单等纪律处分。

(2) 股权投资基金管理人违反《信披办法》的，基金业协会可视情节轻重对基金管理人采取公开谴责、暂停办理相关业务、撤销管理人登记或取消会员资格等纪律处分；对直接负责的主管人员和其他直接责任人员，基金业协会可采取要求参加强制培训、行业内谴责、加入黑名单、公开谴责、认为不适当人选、暂停或取消基金从业资格等纪律处分，并记入诚信档案；情节严重的，移交中国证监会处理。

(3) 股权投资基金管理人在1年之内2次被采取谈话提醒、书面警示、要求限期改正等纪律处分的，基金业协会可对其采取加入黑名单、公开谴责等纪律处分；在2年之内2次被采取加入黑名单、公开谴责等纪律处分的，由基金业协会移交中国证监会处理。

考点回顾｜单项选择题

股权投资基金管理人在（　　）年之内2次被采取加入黑名单、公开谴责等纪律处分的，中国基金业协会可以移送中国证监会处理。
A．3
B．4
C．2
D．1

【答案】C
【解析】股权投资基金管理人在2年之内2次被采取加入黑名单、公开谴责等纪律处分的，中国基金业协会可以移送中国证监会处理。

三、管理人内部控制管理的相关要求

基金业协会发布《私募投资基金管理人内部控制指引》(简称《内控指引》),明确了股权投资基金内部控制的原则和应当采取的措施,股权投资基金管理人应建立健全内部控制机制,明确内部控制职责,完善内部控制措施,强化内部控制保障,持续开展内部控制评价和监督。对各项内控制度的要求及其有效运行的相关规定包括:

(1) 专业化原则。基金管理人应遵循专业化原则,主营业务清晰,不得兼营与私募基金管理无关或存在利益冲突的其他业务。

(2) 高管资质。基金管理人应具备至少2名高级管理人员,其中应当包括一名负责合规风控的高级管理人员。

(3) 投资者管理。基金管理人应建立合格投资者适当性制度。

(4) 募集遴选。基金管理人委托募集的,应当委托获得中国证监会基金销售业务资格且成为中国证券投资基金业协会会员的机构募集私募基金,并制定募集机构遴选制度。

(5) 财产独立性。基金管理人应当建立财产分离制度,私募基金财产与私募基金管理人固有财产之间、不同私募基金财产之间、私募基金财产和其他财产之间要实行独立运作,分别核算。

(6) 托管。除基金合同另有约定外,私募基金应当由基金托管人托管。

考点回顾 单项选择题

私募基金管理人应具备至少( )名高级管理人员。
A. 2 B. 5
C. 3 D. 1

【答案】A

【解析】私募基金管理人应具备至少2名高级管理人员,其中应当包括1名负责合规风控的高级管理人员。

四、基金合同中的必备条款和主要内容

基金合同中的必备条款和主要内容见表10-4。

表10-4 基金合同中的必备条款和主要内容

基金合同	必备条款和主要内容
公司章程	基本情况;股东出资;股东的权利义务;入股、退股及转让;股东大会(股东会);高级管理人员;投资事项;管理方式;托管事项;利润分配及亏损分担;税务承担;费用和支出;财务会计制度;信息披露制度;终止、解散及清算;章程的修订;一致性;份额信息备份;报送披露信息等
合伙协议	基本情况;合伙人及其出资;合伙人的权利义务;执行事务合伙人;有限合伙人;合伙人会议;管理方式;托管事项;入伙、退伙、合伙权益转让和身份转变;投资事项;利润分配及亏损分担;税务承担;费用和支出;财务会计制度;信息披露制度;终止、解散与清算;合伙协议的修订;争议解决;一致性;份额信息备份;报送披露信息等

续表

基金合同	必备条款和主要内容
信托（契约）型基金合同	总则、合同正文与附则三个部分。其中，正文部分主要包括：前言；释义；声明与承诺；股权投资基金的基本情况；股权投资基金的募集；股权投资基金的成立与备案；股权投资基金的申购、赎回与转让；当事人及权利义务；股权投资基金份额持有人大会及日常机构；股权投资基金份额的登记；股权投资基金的投资；股权投资基金的财产；交易及清算交收安排；股权投资基金财产的估值和会计核算；股权投资基金的费用与税收；股权投资基金的收益分配；信息披露与报告；风险揭示；基金合同的效力、变更、解除与终止；股权投资基金的清算；违约责任；争议的处理；其他事项

注意

上述三种类型的基金合同首页的声明与承诺部分，均应用加粗字体标出投资者应当注意的相关内容。

★ **考点回顾** 单项选择题

信托（契约）型基金合同组织形式相关内容主要包括（　　）。

Ⅰ．私募基金份额的登记
Ⅱ．交易及清算交收安排
Ⅲ．私募基金财产的估值和会计核算
Ⅳ．私募基金的财产

A．Ⅰ、Ⅲ、Ⅳ
B．Ⅰ、Ⅱ、Ⅲ
C．Ⅱ、Ⅲ、Ⅳ
D．Ⅰ、Ⅱ、Ⅲ、Ⅳ

【答案】D

【解析】信托（契约）型基金合同组织形式相关内容包括：前言；释义；声明与承诺；股权投资基金的基本情况；股权投资基金的募集；股权投资基金的成立与备案；股权投资基金的申购、赎回与转让；当事人及权利义务；股权投资基金份额持有人大会及日常机构；股权投资基金份额的登记；股权投资基金的投资；股权投资基金的财产；交易及清算交收安排；股权投资基金财产的估值和会计核算；股权投资基金的费用与税收；股权投资基金的收益分配；信息披露与报告；风险揭示；基金合同的效力、变更、解除与终止；股权投资基金的清算；违约责任；争议的处理；其他事项。

五、服务业务管理的相关要求

基金业协会于2017年3月1日出台了《私募投资基金服务业务管理办法（试行）》（简称《服务办法》），原《基金业务外包服务指引（试行）》同时废止。该办法是为了规范股权投资基金服务业务，保护基金投资者权益。其具体内容见表10-5。

表 10-5 《服务办法》

项目	具体内容
适用范围	股权投资基金管理人委托私募基金服务机构（以下简称服务机构），为股权投资基金提供基金募集、投资顾问、份额登记、估值核算、信息技术系统等服务业务
	服务机构开展股权投资基金服务业务及股权投资基金管理人、股权投资基金托管人就其参与股权投资基金服务业务的环节
服务机构登记	股权投资基金管理人应当委托在基金业协会完成登记并已成为基金业协会会员的服务机构提供基金服务业务
	基金业协会为服务机构办理登记不构成对服务机构的服务能力、持续合规情况的认可，不作为对基金财产和投资者财产安全的保证
	服务机构在基金业协会完成登记之后连续 6 个月没有开展基金服务业务的，基金业协会将注销其登记
基本业务规范	股权投资基金管理人与服务机构应当根据基金合同签订书面服务协议。内容包括：服务范围、服务内容、双方的权利和义务、收费方式和业务费率、保密义务等
	服务费用应当由股权投资基金管理人自行支付，基金合同另有约定除外
	股权投资基金管理人、股权投资基金托管人、服务机构、经纪商等相关方，应当签订操作备忘录或各方认可的其他法律文本，内容包括：账户信息、交易数据、估值对账数据、电子划款指令、投资者名册等信息的交互时间及交互方式、对接人员、对接方式、业务实施方案、应急预案等内容，对股权投资基金服务事项进行单独约定。其中，数据交互应当遵守协会的相关标准
基本业务规范	服务机构应当对提供服务业务涉及的基金财产和投资者财产实行严格的分账管理，确保基金财产和投资者财产的安全，任何单位或者个人不得以任何形式挪用基金财产和投资者财产
	服务机构应当具备开展服务业务的营运能力和风险承受能力，审慎评估股权投资基金服务的潜在风险与利益冲突，建立严格的防火墙制度与业务隔离制度，有效执行信息隔离等内部控制制度，严格防范利益输送
	股权投资基金托管人不得被委托担任同一股权投资基金的服务机构，除非该托管人能够将其托管职能和基金服务职能进行分离，恰当地识别、管理、监控潜在的利益冲突，并披露给投资者
责任分担	股权投资基金管理人委托服务机构提供基金服务的，股权投资基金管理人依法应当承担的责任不因委托而免除
	服务机构在开展业务的过程中，因违法违规、违反服务协议、技术故障、操作错误等原因给基金财产造成的损失，应当由股权投资基金管理人先行承担赔偿责任，股权投资基金管理人再按照服务协议的约定与服务机构进行责任分配与损失追偿
报告义务	服务机构：①在每个季度结束之日起 15 个工作日内向基金业协会报送服务业务情况表，每个年度结束之日起 3 个月内向基金业协会报送运营情况报告；②在每个年度结束之日起 4 个月内向基金业协会报送审计报告；③注册资本、注册地址、法定代表人、分管基金服务业务的高级管理人员等重大信息发生变更的，应当自变更发生之日起 10 个工作日内向基金企业协会更新登记信息
	独立第三方服务机构：①通过一次或多次股权变更，整体构成变更持股 5% 以上股东或变更股东持股比例超过 5% 的，应当及时向基金企业协会报告；②整体构成变更持股 20% 以上股东或变更股东持股比例超过 20%，或实际控制人发生变化的，应当自董事会或者股东（大）会做出决议之日起 10 个工作日内向基金企业协会提交重大信息变更申请
	发生重大事件时，基金管理人、基金托管人、服务机构应当及时向基金业协会报告

续表

项目	具体内容
自律措施	服务机构有一般违规情形的，基金业协会可以要求服务机构限期改正；逾期未改正的，基金业协会可以视情节轻重对服务机构主要负责人采取谈话提醒、书面警示、要求强制参加培训、行业内谴责，加入黑名单等纪律处分
	服务机构严重违规的，基金业协会可视情节轻重对服务机构采取公开谴责、暂停办理相关业务、撤销服务机构登记或取消会员资格等纪律处分；对服务机构主要负责人，基金业协会可采取加入黑名单、公开谴责、暂停或取消基金从业资格等纪律处分，并记入诚信档案
	服务机构1年之内2次被要求限期改正，服务机构主要负责人2次被采取谈话提醒、书面警示等纪律处分的，基金业协会可对其采取加入黑名单、公开谴责等纪律处分；服务机构及其主要负责人在2年之内2次被采取加入黑名单、公开谴责等纪律处分的，基金业协会可以采取撤销服务机构登记或取消会员资格，暂停或取消服务机构主要负责人基金从业资格等纪律处分